学んで伝える

ランナーとして指導者として
僕が大切にしてきたメソッド

早稲田大学競走部駅伝監督
花田勝彦

徳間書店

1993年の第62回日本インカレの5000メートル決勝。早稲田大学の後輩、渡辺康幸氏に勝って初の学生日本一に輝く。渡辺氏とは、良き仲間、良きライバルとして、切磋琢磨し合った

北海道の紋別で合宿をする早稲田大学駅伝チーム。夏の厳しい練習を経て、秋に豊かな稲穂を実らすために、選手の声に耳を傾け、選手に寄り添う指導スタイルで頂を目指す

「競技力=人間力」をモットーに、伝統に甘んじず「みんなが憧れるような組織をつくる」と、名門復活を託された花田の挑戦は続く

プロローグ

しばらくは陸上競技の世界から離れるつもりだった。

2022年春、私は6年間務めてきた、GMOインターネットグループ陸上部の監督を退任した。

チームの創部から携わり、マラソンでは日本代表選手を輩出するなど、個の育成はそれなりに成果を上げていたが、それ以上に会社が私に期待していたのは、駅伝における「日本一」という結果だった。

2020年のニューイヤー駅伝（全日本実業団対抗駅伝競走大会）では、5位の成績を残したこともあったが、日本一はおろか、なかなか優勝争いに絡むことが叶わなかった。

私自身の理想と、思うようにいかない現実とのジレンマを抱えて、いつしか心身ともに疲れてしまい、ついには現場を離れることを決めた。

＊

半年から1年くらいは穏やかに暮らそうと考えていた。陸上関係の人とはしばらく連絡を絶つつもりだったが、選手時代、そして指導者になってからもたびたび相談に乗ってもらっていた、恩師の瀬古利彦さんに報告しないわけにはいかない。

連絡すると、「飯でも食べよう」と誘っていただいた。

その会食の席で、私の話をひと通り聞いたあと瀬古さんは、

「じゃあ、時間がありそうだから、一緒に早稲田の練習でも見にいかないか」

と思わぬ言葉をかけてくださった。

その年の正月、早稲田大学は箱根駅伝で13位に終わり、シード権を逃していた。3年前の2019年にもシード校から陥落しており、2010―2011年に大学駅伝三冠（出雲駅伝、全日本大学駅伝、箱根駅伝）を達成して以来、チームは駅伝での優勝争いから遠ざかり、浮沈を繰り返していた。

さらに、駅伝監督の相楽豊君が本来の持ち場である大学の事務職に復職が決まっていた。チームが捲土《けんど》重来《ちょうらい》を期していたにもかかわらず、相楽君は休みの日にしかグラウンドに出られなくなり、現場は指導者不在になろうとしていた。

そんな状況も重なり、瀬古さんは私を練習見学に誘ってくれたのだった。

＊

瀬古さんに誘われたものの、やはり休みたい気持ちが強く、実際に早稲田大学の練習を見にいったのは、１カ月以上経ってからだった。

久しぶりに訪れた埼玉・所沢のグラウンドに瀬古さんと２人で立っていると、なんだか不思議な気持ちを覚えた。そこは私が大学生時代に４年間を過ごし、私自身が成長した場所だった。

故郷に戻ってきたような感慨があり、懐かしさで胸がいっぱいになった。

「俺は、花田には学生の指導のほうが合っているような気がするよ。今年から俺もＷＡＣ（早稲田大学アスレチック倶楽部。早稲田大学競走部のＯＢ・ＯＧ会）の会長になるから、早稲田の再建を手伝ってくれないか」

瀬古さんからそんな言葉をかけられたが、私も休養を決めたばかりで、すぐに二つ返事をすることはできなかった。

一方で、いつか母校で指揮をとりたいという思いは、現役競技者だった頃から密かにもっていた。

実は、２０００年のシドニーオリンピックが終わった直後に、瀬古さんから「引退して早稲田で指導してみたらどうか」と言われたことがあるのだが、そのときは〝もう少し競技をがんばりたい〟という思いがあり、返事を先送りにしたことがあった。

そうこうしている間に、後輩の渡辺康幸君が引退し、早稲田のコーチに就任することが決まった。そのときに、自分は母校とはもう縁がないものと覚悟した。

それだけに、再びこうして声をかけてもらえるとは思いもしなかった。こんなタイミングでお誘いを受けたことにも運命のようなものを感じた。

その後の経緯は後ほどくわしく紹介するが、正式なオファーを受けて、2022年6月1日付で早稲田大学競走部駅伝監督に就任した。

結局、陸上競技から離れることは叶わず、また新たな一歩を踏み出すことになった。

*

思い返せば、私のターニングポイントには、必ずといっていいほど瀬古さんの存在があった。

現役選手だった頃の私は、本当にわがままな選手だった。それは〝強くなりたい〟という気持ちの裏返しでもあったが、当然、瀬古さんとも何度もぶつかった。それでも、瀬古さんは私のことを見放すことはしなかった。

プロローグ

自分がいかにわがままな選手だったか。それに気づいたのは現役を退いて、指導者の道を歩み始めてからで、反面教師ではないが、指導者になってからは学びの連続だ。また幸いなことに、これまでの指導者人生において、自分よりもわがままで、指導者を困らせるような選手にはまだ出会ったことがない。

ことあるごとに思い浮かぶのは、瀬古さんからの教えや、両親をはじめ関わってきた方々の言葉だ。彼らから学んだことが、今の私の道標になっている。

年齢を重ね50歳を超えた今、私が学んできた多くのことを、今度は伝えるときがきたと感じている。もっとも、今なお早稲田大学の教え子たちからも多くの気づきと学びを与えてもらっている毎日ではあるのだが。

本書は無知だった私が、成長過程で関わった多くの方々から学んだことを、体験談を交えて記したものである。挫折を経験し、それを乗り越えて成長しようとしている方には、何かのキッカケを与えることができると信じている。

最後まで読み進め、何か1つでもみなさまの今後に生かされるのならば、著者としてはうれしい限りである。

目次

第1章

新しい早稲田をつくる

一競技者である前に、一社会人、
きちんとした人間であることが大事

第1章
新しい早稲田をつくる

2024年、指導を始めて20年になった。

2004年3月に現役を引退。その4月に上武大学駅伝部監督となって、その後、12年間指揮をとった。

「競技者として」と「人間として」の成長を、育成の2本の柱として指導に当たり、就任5年目で予選会を突破し、念願だった箱根駅伝に出場することができた。

2011年の全日本大学駅伝対校選手権大会（全日本大学駅伝）では初出場で総合6位に入り、シード権を獲得した。

箱根駅伝のシード権、その先にある総合優勝には到達できなかったが、大学駅伝界で常連校としての礎を築くことはできた。

2016年からは、創部された実業団チーム、GMOインターネットグループ陸上部の監督に就任した。上武大学時代にも指導した山岸宏貴がドーハ世界陸上競技選手権のマラソン日本代表として出場。橋本峻《りょう》が2019年のMGC（マラソングランドチャンピオンシップ）で5位に入り、東京オリンピックのマラソン日本代表の補欠に選ばれた。また、2020年の福岡国際マラソンでは吉田祐也が優勝を飾った。このように、個人、とくにマラソンでは日本代表クラスの選手を育成してきた。

しかし、その一方でチームとしての駅伝では、初出場だった2020年のニューイヤー駅伝で5位と奮闘したものの、なかなか優勝争いに絡めず、会社や応援してくれる人たちの期待に応えられなかった。個の育成とチームの強化とのジレンマがあり、疲弊してしまった。そして、現場を去ることを決めた。

指導からはしばらく離れるつもりが、2022年6月に母校・早稲田大学に指導者として戻ってきた。

最初は週に何回か、OBの1人としてアドバイザーのような立ち位置で指導に関わるはずだったが、前述のとおり、駅伝監督に就任することになった。

チームを立て直し、強い早稲田を取り戻すには、5年、いや、ひょっとしたら10年以上かかるかもしれない。

30代前半で選手とともに走って上武大学を率いていた頃とは、明らかに体力も違っていた。また、実業団で指導するようになってからは、ストレスで腰痛を抱え、体調を崩すことも多かった。そこで、監督に就任するまでの移行期間にジム通いを始めた。ストレス発散と体力向上を考えてのことだったが、体も絞れて腰痛も出なくなり、万全に近い状態で指導をスタートすることができた。

第1章

新しい早稲田をつくる

早稲田に戻ってきても、指導の根本にある部分は変わらない。

「一競技者である前に、一社会人、きちんとした人間であることが大事」

このポリシーは、私が学生だった時代から早稲田がチームとして大切にしていたものだ。瀬古さんと一緒に初めて母校の練習を見学したとき、私たちが瀬古さんから教わった、「礼に始まり礼に終わる」という精神が、今も受け継がれているのを感じた。

その一方で、ケガ人が多いのが気になった。おそらく全体の3分の1くらいしか練習をしていなかったのではないだろうか。3分の2はケガをして別メニューだった。練習スケジュールを見せてもらうと、かなりハードなメニューが組まれていた。前年度に10000メートル27分台のランナー3人を擁し、大学駅伝三冠を目指していたにもかかわらず、箱根駅伝でシード権を落としてしまっただけに、強い早稲田を取り戻そうと練習の強度を上げていたのだろう。

もちろん選手たちも望んで、そういう練習に取り組んでいたのだと思うが、ハードな練習にいきなり取り組んだら壊れてしまうのも当然だった。

数学にたとえるなら、足し算や引き算、掛け算、割り算ができないのに、いきなり因数分解などの難しい計算に挑むようなものだった。

脈々と受け継がれてきた伝統でも
意味がなければアップデートする

私が駅伝監督に就任して最初にやったのは、練習メニューをいったん白紙に戻すことだった。

個別に話を聞きながら、各選手の状態を確認して、まずは確実にやれる基礎的なことから始めることにした。

具体的には、ポイント練習（強度の高い重要な練習）の強度を落とし、余裕をもって練習をこなせるようにした。

また、ポイント練習とポイント練習の間の「つなぎ」で行っていたウエイトトレーニングやサーキットトレーニングも中断し、その代わりにベーシックな補強とジョグをしっかりやるかたちに変えた。

朝の集団走は、箱根で優勝した頃の練習を参考にして、大学周辺のアップダウンを使ったかなりハードな内容が週に4回も組まれていた。

しかし、実際にその練習をちゃんとこなしている選手は数えるほどしかいなかった。

たしかにこの練習をこなせれば、強くなるだろう。

だが、できなかったら意味がない。

ケガが多い原因は、練習にばかりあるわけではない。

栄養面に関しては、自分が教えるよりも、専門家に説明をしてもらったほうがいいと思ったので、交流のあった管理栄養士に個人面談をしてもらった。

ウォーミングアップの方法も変えた。

早稲田の朝練習は、全体で集合し挨拶をしたあとに体操から始まるが、私が学生だった頃からやっていた簡易な準備体操が、30年経っても変わらず行われていた。

感慨深いものはあったが、競技レベルが格段に上がった今の時代には合わないと感じた。

受け継がれてきた伝統かもしれないが、意味のないものであればアップデートする必要がある。

そこで、交友のあったフィジカルトレーナーに指導してもらって、可動域の拡大や動的ストレッチを意識したプログラムに変えた。

故障を予防するうえで必要なアイシングやストレッチ、セルフマッサージなどケアの面も、意外にきちんとやっている者が少なくて驚いた。

そこで、トレーナーを招いて講義をしてもらい、また私が寮に泊まった際に学生を集めて、実際に私も混じってペアマッサージを教えたりもした。

故障の原因は、栄養バランスの崩れとケア不足によるところも大きいが、睡眠不足もかなり影響していると感じていた。

寮に泊まってみると、食堂で深夜近くまでレポートを作成していたり、高田馬場キャンパスに通うために、朝6時の集合よりも前に練習を始めたりする学生がいるのをよく見かけた。

そのなかには主力選手もいて、平日は授業で忙しく、午後の本練習に出られないので朝練習の時間にポイント練習をやっていた。

疲労回復の大きな要素の1つである睡眠時間が明らかに足りていないように感じた。そこで、土日は思い切って朝練習をなしにして、ゆっくり寝かせて、午前もしくは午後の本練習1回のみにした。

また、合宿所では1年生が朝4時台に起きて当番の仕事をやっていたが、これも寮監の方や学生幹部とも相談して遅くし、長距離に関しては朝練習に遅れて参加しても構わないかたちにした。

競技者としての経験や指導者となってからの体験で、強い選手になるためには、「練習」「栄養」「休養」の3つの要素を、正三角形に近づけることが大切だと感じていた。

いくら良い練習ができても、十分な栄養補給と休養を怠ればケガや体調不良につながり、自分が描いていたようには成長できない。

早稲田には真面目にコツコツ取り組む選手が多く、放っておくとやりすぎてケガをしたり、オーバートレーニングになったりする者が多い。

そうした選手には、「休むことも大事な練習の1つ」と伝えている。

＊

監督が変わるということは体制も変わるということだ。

それにともなって変革も起こるが、割とみんな素直に受け入れてくれたように感じた。選手たちも、なかなか結果が出なくて、藁《わら》にもすがる思いだったのかもしれない。

そのほかにも変えた点はたくさんある。

競走部のホームページは、これまではOBの方が長年、ボランティアで運営してくださっていた。

情報量豊富で、実は私も早稲田の選手情報を集める際にはとても重宝していたが、これも予算を組んでスマートフォンでも見やすいデザインに一新した。

いちばんの狙いは、より多くの高校生に見てもらって、勧誘につなげるためである。

また、選手勧誘に行った際に、大学のパンフレットと一緒に渡せるように、競走部オリジナルのパンフレットを作成した。

今はデジタルの時代だからと反対もあったが、いざ作成してみると、その場で説明しながら手渡しすることができ、またシンプルながらかっこいいと好評だった。

さらに、これまでの早稲田大学の伝統を考えると大きな決断だったが、競走部監督の大前祐介君とも相談し、公式ウェアを今の時代に合わせて学ランからオーダーメイドのスーツに変えた。

メーカーの方と相談し、就職活動でも着用できるデザインを採用して、ネクタイは一目で早稲田とわかるエンジのバーズアイ（鳥目織り）にした。

練習で着用するウェアにもこだわっている。

メーカーだけに任せっきりにせずに、実際に展示会に足を運んで、いろいろな素材や形状を手に取り、より最適なものを見つけて、打ち合わせするようにしている。

みんなが憧れるような組織をつくる

組織が強くなることがいちばんの宣伝だが、見た目でかっこいいことも大事なことだと思う。

上武大学のときにも、歴史の浅い大学で実績がなかったので、「あのユニフォームを着て走りたい」と思ってもらえるものにしようと、当時は学生陸上界では稀だった、黒色をベースにした〝プレミアムブラック＆シルバー〟のユニフォームを作成した。〝ブラック〟は英語で〝強さ〟の意味合いがある。そして、銀は〝磨けば鈍くだが光る〟。シルバーは私にとって思い入れのある色だった。大学3年時の箱根駅伝4区で区間新記録を出したときに、実況のアナウンサーから、

「地味な存在だが、いぶし銀の魅力がようやくここにきて光を増してきた」

そう言われたことが、当時すごくうれしかった。大学時代は、同期の武井隆次君や櫛部静二君、後輩の渡辺康幸君と一緒に練習をしていて、能力差を感じることばかりだった。しかし、地道に努力を重ねることで彼らと同じ舞台で活躍できる選手になれ、オリンピックにも2回出ることができた。

自分が教える選手たちにも、〝自分〟という〝原石〟を磨いて、鈍くても輝いて、応援してくれる人に感動を与えるような選手になってほしいと考えていた。

早稲田は伝統あるチームで、もともと注目を集める大学だが、伝統に加えて、みんなが憧れるような組織づくり、チームづくりをしたいと考えている。

着実にチームは変わりつつあるものの、今はまだ、箱根駅伝で優勝できるようなチームをつくるための下地づくりをしている状況だ。

私が学生だった頃とは、箱根駅伝の様相も随分と変わった。今の時代に合ったチームづくりをしなければならない。

下地づくりとは、選手への指導のみならず、大学からのサポートや、奨学金制度、入試の制度、またスタッフの待遇面などの改善も含む。

早稲田は栄枯盛衰が顕著なチームで、箱根駅伝の成績を見ても波が大きいが、そういった面を変えていかないと、強くあり続けるのはなかなか難しい。

私が駅伝監督であるうちに、恒久的なチームをつくり、その先にある箱根駅伝の優勝に到達したい。

さて、現在の境地に至るまでには、さまざまな出会いと教えと学びがあった。ここからは、私の半生を振り返りながら、私という人間をかたちづくった要素についてふれていきたい。

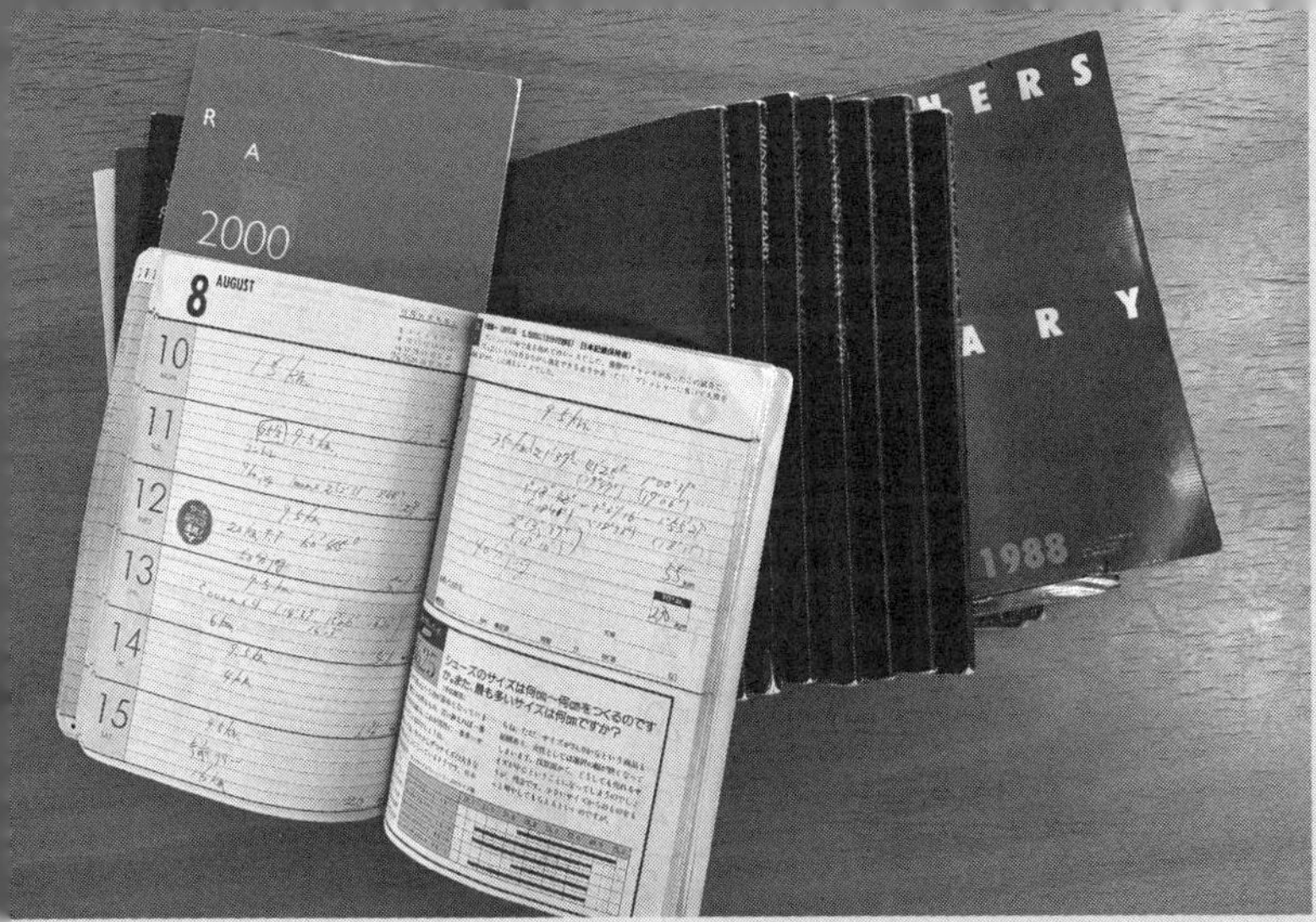

第2章

置かれた場所で工夫する

なにごとも継続は力なり

第2章

置かれた場所で工夫する

子どもの頃はプロ野球選手になることを夢見ていた。

私が育った滋賀県近江八幡市は新興住宅地で同世代の子どもが多く、市内には少年野球チームが4つも5つもあった。私も小学2年生になると、3歳年上の兄と一緒に「グリーンズ」というチームに入った。

父も野球好きで、漫画「巨人の星」(原作：梶原一騎・作画：川崎のぼる、講談社)の主人公の父、星一徹ほどではなかったが、仕事が休みの日にはノックしてくれたり、キャッチボールしたりと熱心に練習に付き合ってくれた。

決して裕福な家庭ではなかったが、誕生日にはグローブを買ってくれ、私はそのグローブをずっと大事に使っていた。ちなみに、父は中日ドラゴンズのファンで、兄は読売ジャイアンツ、私は阪神タイガースと、それぞれで贔屓《ひいき》のチームが違っていた。当然、夕方からのテレビの野球中継は、チャンネルの奪い合いだった。野球の練習の際には、小林繁投手や掛布雅之選手の真似をよくやっていた。

野球に夢中になっていた一方で、私は走ることも得意だった。ケイドロ(警察役と泥棒役に分かれ、警察役が泥棒役を追いかける鬼ごっこ)で、私が警察役になると、ねちっこく追いかけて捕まえてしまうものだから、友達には嫌がられたものだ。

短距離走も速かったので、運動会のリレーでは自ら立候補し、アンカーを務めていた。ところが、学年を重ねるにつれ、自分よりも速いクラスメイトが出てきた。

小学5年生になると、クラスでも4番手から5番手にまで下がっていた。低学年の頃はクラスでいちばん速かったはずなのに、思わぬ現実を突きつけられた。

だが、持久走では違った。学年別の校内マラソン大会では、3年生から6年生までずっと一番だった。校内マラソンのコースは自宅近くを通るので、大会当日の朝は、

「10時頃には家の近くを通るから、少し前から待っててや。絶対一番で来るから」

そう母親に宣言をして、戦いに臨んでいた。声援を送ってくれる母親の顔が見えると、苦しさも飛んで、なんだか力が湧いてくるような感じがした。

もともとピッチャーとして足腰強化のために走ってはいたが、校内マラソン大会で一度勝利すると〝勝ち続けたい〟という気持ちが芽生え、自主練習に力を注いでいた。

そうした努力をするようになったのは、小学5年と6年の担任だった北川仁志先生の影響が大きかった。私がいた桐原小学校は、児童数が2000人を超えるマンモス校だった。クラス数も多く、季節ごとの運動会の学級対抗リレーは大盛り上がりだったが、私のいた6年5組はいつもビリ争いだった。そこで北川先生はこう言った。

「みんな、リレーで勝ちたくないか？　だったら、これから次の運動会に向けて、班ごとに分かれて毎朝リレーをやろう！　継続は力なりだよ‼」

翌朝から私たちは毎朝、朝礼の前にリレー練習を始めた。北川先生が自作の竹のバトンを手に班ごとにリレー競走をし、勝ったチームのバトンには、北川先生が赤色や白色のテープを巻いてくれた。やがてどの班のバトンもテープでいっぱいになった。

迎えた秋の運動会では、速い者順に並べるという奇襲戦法が功を奏し、前半からほかのクラスに大きく差をつけた5組は、クラスでいちばん足の遅い子がアンカーで走り、胸の差で逃げ切って優勝してしまったのだ。

不可能だと思えることでも、継続して取り組めばできるようになるかもしれないと5組の誰もが思ったに違いない。今思うと、〝継続は力なり〟を実践していたこともあり、校内マラソン当日も緊張はしていたものの、自信はあったような気がする。

子どもが多かったせいか、その頃は町内や市内でもマラソン大会がよく行われていた。距離は多くの場合2キロだったが、私は出場する大会で勝つようになっていた。

北川先生はそんな私を見て、6年生の夏、県の大会にエントリーして引率してくれた。その試合で私は1000メートルを3分16秒3で走って優勝してしまった。

自分に適したものはなにか、
周りの意見も聞いてよく考えてみる

長距離を走ることは速かったが、実はあまり陸上競技のことにはくわしくなかった。そんな私にマラソンの魅力を教えてくれたのも北川先生だった。

北川先生は、定期的に発行する学級通信にも力を入れていた。生徒たちの日記で内容の良かったもの。さらには、マラソンの季節になると、「瀬古利彦物語」や「宗兄弟物語」を雑誌などの記事から抜粋して掲載していた。

その頃はちょうど、ロサンゼルスオリンピック（1984年）を控えていた頃で、私も高い関心をもっていた。

もちろん、瀬古さんがオリンピックを決めた1983年の福岡国際マラソンや、その前の東京国際マラソンの優勝もテレビで見て知ってはいた。北川先生の学級通信を通して、自分も将来は瀬古さんのように世界で活躍するスポーツ選手になりたいと思うようになっていた。

しかし、そうやってマラソンに興味を抱きつつも、当時の私のいちばんの夢はプロ野球選手になることだった。

中学に進み、野球部と陸上部のどちらに入ろうか私は迷っていた。北川先生に相談すると、迷うことなく「陸上部に入ったほうがいい」と進言してくれた。

野球は国民的スポーツだが、当時はオリンピックの正式競技にも採用されておらず、ワールドベースボールクラシック（WBC）のような世間の注目を集める国際大会もなかった。

「世界を目指すなら、瀬古さんのようにマラソンをやったほうがいい」

というのが先生の考えだった。それともう1つ陸上を勧めてくれたのは、私の性格を見越してのことでもあった。

「野球はチームメイトに恵まれ、技術的な指導を受けられる環境が必要なスポーツだけど、陸上は個人競技だから、我《が》が強い君には性格的に野球よりも陸上のほうが向いている」

そんなことを言われたのを、40年以上経った今でも覚えている。

私は野球ではピッチャーをしていた。自分ではフォアボールばかり出すくせに、そんな自分を省みることなく、味方のエラーにはひどく怒ったり、不貞腐れたりしていた。

また、小学校でも班対抗でスポーツをするときには、チームメイトにあれこれ指示を出すことが多かった。

みんなはレクリエーションとして楽しみたいはずなのに、私のそういった行動のせいでギスギスした雰囲気になってしまった。

このような私の態度を先生は見てきたのだから、それは的確なアドバイスといえた。

でも、私はやっぱり野球が好きだった。また、小学生最後の試合となる隣町の野洲《やす》町（今は野洲市）で行われた2キロ走の大会で、ラストスパート対決で初めて負けてしまった。負けた相手はのちの県中学ナンバー1の選手だった。

それもあって、私は北川先生の忠告も聞かずに、中学では野球部に入ることを決めてしまった。

＊

1980年代半ばは、荒れている中学校が多かったように思う。

中学校の野球部に入ると、野球部には不良学生が多く、先輩のシゴキも厳しかった。希望に胸を膨らませ、野球部の門をたたいたはずが、中学1年生の秋にはもう嫌気が差していた。

それだけでは野球部をやめる口実にはならなかったが、追い打ちをかける出来事が発生した。

左投げだった私はフォアボールが多かったとはいえ、少年野球ではそれなりに活躍した。ところが、ピッチャーの生命線ともいえる肘を痛めてしまったのだ。

それを理由に顧問の先生からは野球部をやめることを認めてもらった。「肘が治ったらまた高校から始めればいい。それまでは脚づくりに努めよう」と考えていた。

野球部をやめて、もう1つの選択肢だった陸上部に転部するつもりだった。しかし、もともと誘われていたにもかかわらず、それを断ってまで野球部を選んでいただけに、すぐに転部するのは気が引けた。

明日こそ陸上部に行こうと毎日思いつつも、なかなか足が進まない。1カ月から2カ月は何もしないまま、時間ばかりが過ぎていった。

ようやく陸上部に入ったのは11月頃だったと思う。陸上部のみんなは、意外なほど優しくて、すんなりと私を受け入れてくれた。

＊

それから陸上部に行くようになったが、私の通っていた中学には陸上を教えてくれる先生がいなかった。

それゆえに、インターバル走などの専門的な練習方法は知る由もなかった。そんなゆるい環境だったこともあり、部活動中よりも帰宅してから夕方に3キロ程度の距離を1人で走ることが多かった。

学年別の校内マラソン大会では一度も負けたことがなかったが、県の大会では300メートルで6位入賞が一回あっただけで、全然ダメだった。自己ベストも9分41秒で、全国の舞台はまだまだ遠かった。

ウォーミングアップのやり方もまともに教わったことがなかったので、今にして思うと妥当な結果だったかもしれない。

中学3年生になってようやく陸上にくわしい顧問の先生が着任した（走高跳が専門だったと思う）が、3年生は高校受験に向けた勉強も始まり、新学期早々に部活動を引退するので、その先生にはほとんど教わったことがなかった。

日誌をつけていると成長過程が可視化できる

第2章

置かれた場所で工夫する

生まれは京都市だが、両親が家を購入した関係で5歳の頃に近江八幡市に引っ越してきた。その近江八幡市には、伝統ある近江八幡駅伝という市民駅伝大会があった。新興住宅がどんどん建てられて、人口が年々増えていたこともあり、市民運動会や盆踊りなど、イベントがたくさん開催されていた。近江八幡市駅伝もその1つで、中学・高校・学区の部に分かれて毎年、成人の日（当時は1月15日）に行われていた。

中学3年生のときは、すでに部活動を引退したこともあり、学校代表としてではなく、同級生と組んで「八幡西中受験生チーム」として出場した。

この駅伝には、近江八幡市と夫婦都市の静岡県富士宮市からも毎年、いちばん強い中学校チームが出場しており、そのチームが全区間で区間賞を獲って優勝を果たすのが恒例のようになっていた。この年も例外ではなく、富士宮市代表の中学校チームが順当に区間賞を獲得しており、閉会式では1区から順に表彰されていた。しかし、最終区。なんと区間賞に輝いたのは私だった。

受験生チームではとうてい強豪チームに太刀打ちできなかったが、なんとか一矢報いる走りを見せることができたのだ。

この駅伝に向けて、受験生チームの仲間と集まって練習をやっていたが、自分の住む桐原学区の大人たちの練習会に参加することがあった。

その練習会には当時、市民ランナーながらマラソンを2時間27分台で走る山田滋さんも参加していた。中学生だった私にとって、山田さんは地元のスーパースターのような存在だった。そのときに一緒に練習させてもらって、

「花田、お前はいい走りをしているから、きっと強くなるぞ」

そう声をかけてもらって本当にうれしかった。その山田さんに、こう勧められた。

「毎日、ちゃんと練習日誌をつけたほうがいいぞ。ランニング雑誌の『ランナーズ』の新春1月号の付録に練習日誌があるから買ってみたらどうだ」

日記は小学校からの流れでたまに書いていたが、山田さんのアドバイスがきっかけで、練習日誌をつけるようになった。

最初の頃は記入し忘れた日もあったが、現役を引退する年まで毎年、雑誌を購入して練習日誌をつけていた。今も16冊が手元に残っている。自分の成長過程を知るうえですごく役に立ったし、今もたまに振り返って見直し、当時の自分と今の選手たちとを比べて、練習メニュー作成のヒントが見つかることもある。

私は作文が好きで、時間があるとSNSなどに陸上や家族のことなどをエッセイっ

ぽく書いたりしている。何か気になることがあると書いてみたくなる――そういうことが習慣づいたのは、前出の小学校時代の担任、北川先生の影響が大きい。

大学を卒業して新任でやってきた北川先生は、非常に熱血で、私たち児童のことをよく知ろうと、毎日〝心のノート〟を書くことを課した。〝心のノート〟とは、要するに日記だが、その日の出来事や話題など何を書いても良かった。翌日、先生に提出すると、必ず赤ペンでコメントを添えて返してくれた。

先生が書いてくれるコメントから元気をもらった。5年生のときは「ゴーゴー通信」（5年5組だったので）、6年生のときは「明日に向かって」という通信名で、目立ちたがりやの私は、なんとか自分の日記を掲載してもらおうと、日々工夫を凝らして文章を書くようになっていった。2年間の学級通信は、ファイルにして今も実家で大切に保管してもらっている。

おそらく、クラスの中でも登場回数は最多ではなかっただろうか。北川先生には陸上競技への道を示してもらっただけでなく、文章を書くことの楽しさも教えてもらった。このような体験があったので、練習日誌は苦ではなかった。

練習日誌にしても、日記にしても、つけることの重要性や楽しさを成長過程で教わったことは大きい。こうした習慣は指導者となった今でも重要な要素になっている。

中学時代はそこそこ速かったが、当初、高校では陸上を続けようとは考えておらず、学業優先で進学先を選んだ。あとで知ったことだが、県内の強豪校の先生は、私のことを勧誘対象として調べていたようだ。

高校は、進学校として知られている県立の彦根東高校を受験した。3つ違いの兄が同校に通っていて、勉強で兄に負けたくないという気持ちがあったからだ。

中学1、2年生の頃は普通くらいの成績だったが、小学校時代からの親友が、同じ中学でいちばん成績がよかったことで、3年生になってからは彼に勝ちたいという一心で学業に力を注いだ。受験を模した実力テストは苦手だったが、一夜漬けは得意だったので、学期末テストの成績は良かった。こうして彼と競っているうちに学業の成績も伸びて、親友と一緒に彦根東高校に無事合格することができたのだった。

高校では再び野球部に入ろうとも考えたが、投げるとやはり肘と肩は痛く、また年頃になって丸坊主になることにも抵抗があって選択肢からは外れていた。

ただ、球技は得意だったので、それならハンドボール部もいいかな、などと考えていた。ところが、部活見学に行った際に、陸上部の雰囲気が良かったので、高校でも走り続けることにした。

陸上を続けることにしたのには、もう1つ理由があった。中学時代から強かった同級生が先に入っていたのだ。彼は県内の中学生ではトップ5に入る実力で、中学時代はいつも私のはるか前を走っていた。高校に入ってからもなかなか勝てなかった。

彦根東高校の陸上部にも顧問の先生はいたが、大会の引率はしてくれるものの、専門的な指導ができる人はいなかった。練習メニューを考えるのは、中・長距離ブロック長の先輩の役割だった。そんなおおらかな部活動だったので、学業などほかの用事を優先して練習を休むこともあった。

もちろん、朝練習もない。私は電車通学だったが朝が苦手だったので、起きるのはいつもギリギリ。家から駅までものすごい勢いで自転車をこいでいた。そんな調子なので、友人と一緒に乗るはずの電車にも間に合わないことが多く、7分後にくる1本後の電車に乗ることも多かった。その電車だと、彦根駅から高校まで歩いていては当然間に合わないので走ることになる。その距離、約1・3キロを荷物を持って走っていき、校門の手前で友人に追いついて登校する日が週の半分はあった。今思えば、それが朝練習の代わりになっていた気がする。

理想とする目標は具体的に描く

初めての春季高校総体は、やったこともない3000メートル障害に出場した。本当は1500メートルか5000メートルで出たかったが、出場枠は先輩が優先だったので、1年生の私にはまわってこなかったのだ。枠が空いていた3000メートル障害にエントリーしたものの、そもそも障害の練習ができる環境もなかった。ぶっつけ本番で臨んだにもかかわらず、自分で思っていたよりは走れた。

春季大会が終わり、3年生の先輩が卒業したあとも、3000メートル障害と5000メートルの2種目に出ていた。夏に行われた学年別の大会では、タイムこそ10分10秒台と平凡だったものの、優勝することができた。ハードリングはどちらかというと下手だったが、続けていくと秋には9分40秒を切って県で2位にもなった。

5000メートルの記録は入学当初は16分50秒台だったのが、ひと夏を越えて15分28秒まで伸びており、着実に走力のアップを実感することができた。

2年生になって、1500メートルも一度は走ってみようと練習を積んで記録会に出てみると、結果は4分5秒4だった。自分が想像していた以上の好タイムだった。

1500メートルが思ったよりも走れたことで、5月中旬に行われる全国高等学校総合体育大会（インターハイ）の県予選には、1500メートルと5000メートルの2種目で出場することになった。

1500メートルはまだ不慣れなこともあり、ラストスパートでたくさん抜かれて4分5秒3で6位。一方の5000メートルは中盤、第2集団から抜け出して15分20秒8の自己ベストで2位だった。2種目とも県大会を突破し、近畿大会に出場することができた。激戦区の近畿を勝ち抜いて全国大会に駒を進めることは叶わなかった（1500メートルは予選落ち、5000メートルは16分もかかった）が、近畿大会の1500メートル決勝では衝撃のレースを目の当たりにした。

近畿を制したのは、兵庫の名門・西脇工業高校の濱矢将直さん。号砲が鳴るとすぐさま飛び出し、1周目から臆することなく、400メートルを61秒から62秒で突っ込んだ。ガンガン飛ばして後続を引き離し、近畿高校記録を打ち立てて優勝を飾るという、まさに圧巻のレースだった。

濱矢さんはその年のインターハイ全国大会で、3分45秒46の当時の高校記録を樹立し、日本一に輝いている。濱矢さんが近畿大会で見せた、前半からハイペースで引っ張って好記録を出す走りは、私にとって大きなヒントになった。

それまでも〝勝ちたい〟と思って走っていたが、その先にある〝全国大会に出たい〟といった具体的な目標をもつことがなかった。その年の秋に京都で開催される国民体育大会（国体）の少年A1500メートルの派遣標準記録が3分56秒だと知り、初めて、「国体に出たい！」という具体的な目標に向かって練習に励むようになった。

当時、レベルが低かった滋賀県の大会で1500メートルを3分56秒以内で走るには、濱矢さんのように前半から自分で積極的に走って、レースを組み立てることが必要だと感じた。7月中旬の国体予選でそういうレースを実現するために、彦根の陸上競技場で1人で練習するようになった。この頃にはすでにチーム内でもいちばん速くなっていて、同じメニューをこなせるチームメイトがいない事情もあったのだが。

そして迎えた国体予選。1周目こそ設定していた62秒で入れたが、2周目は65秒とペースダウンした。独走で後ろを大きく引き離してゴールしたものの、記録は3分57秒3で、目標としていた派遣標準記録には届かなかった。

国体への道は潰えたかに思われたが、私の奮闘ぶりが県の強化の先生たちの心を動かしたのかもしれない。滋賀県の中長距離が低迷していたことに加え、高校2年生で久々に1500メートルを3分台で走ったことで、将来性も買われたのか、国体の滋賀県代表に選出されることになった。

その後、滋賀県の国体強化選手の合宿に初めて参加したが、そこではこれまでやったことのないスピード練習などにも取り組んで、おおいに刺激をもらった。

最初のうちは、県内の強豪校の先生が出す練習メニューをこなせなかったが、高校に戻って、また合宿でと繰り返し行ううちにできるようになってきた。それまで専門的な指導を受けたことがなく、我流の練習を積んできていたので、スポンジが水を吸うがごとく、私は教わったことをどんどん吸収していった。

２年生の秋、新人戦の近畿大会では１５００メートルは4位だったが、５０００メートルではラスト1周を61秒くらいで大逃げして、14分46秒３の初の14分台を出し、なんと優勝してしまった。そして、10月中旬の京都国体・少年Ａ１５００メートル。決勝で2位となる熊谷勝仁さんのハイペースに1人ついていって、自己ベストとなる3分52秒63で組2着となり、予選を通過した。

決勝でも、熊谷さんが引っ張るハイペースに濱矢さんと一緒についていって、ラスト1周の時点ではまだ3位の位置にいた。しかし、そこから4位に落ちると、ゴール手前でも2人に抜かれてしまい、結果は6位だった。とはいえ、初めての全国大会出場で無名ながら入賞したことで、全国的にも名前を知られるようになった。

春のインターハイ県予選で3年生が引退してからは、彦根東高校陸上部では、私が長距離ブロック長に就任して練習メニューを立てるようになっていた。

自分の練習についてはさらに記録を伸ばすために、国体の強化合宿でお世話になった強豪校の先生に教えてもらおうと、大会でお会いした際に聞きにいったことがあった。しかし、そのときには、「お前に教えると、うちの選手が勝てなくなってしまう」と冗談交じりに断られてしまった。そのときは少し残念だったが、指導者となった今、考えてみるとなんとなくわかるような気がする。

それからは、部費で陸上競技の専門書を購入してもらい、それを参考に練習メニューを考えるなどして強化を図った。

チームには長距離部員は6名ほどしかおらず、実力もまちまちだったので、ブロック長の私が個別に練習メニューを考えて、ポイント練習はみんなそれぞれの設定で行っていた。このときの経験は、指導者となってからの私のベースになっている。

10人いれば10通りの練習メニューがあってもいいし、強くなっていく過程も違って当然だと思っている。

指導者になった今、練習前には選手と対話して、体調によっては内容や本数を変えることもある。大事なのは、本人がやったことに対して自信をもてるかどうかだと私は考えている。

＊

国体で結果を残し、全国ランキングでトップ10入りしたことで、高校3年生になる前の春には全国高校選抜合宿にも呼んでもらった。

当時の私は、試合用のランニングパンツを1枚しか持っておらず、練習ではスーパーマーケットの特価品の半ズボンを履いていた。ソックスも3足何円の特価品。シューズも、レースとジョギングとを兼ねた、底が少し厚めのものを1足しか持っていなかった。そんな格好で全国合宿に参加していたのは私くらいだった。

1500メートルの功績でお声がかかったので、合宿初日は中距離グループの練習に参加した。ただ、瀬古さんに憧れて、将来はマラソン選手になりたかったので、高校3年生では5000メートルを主戦場にしたいと考えていた。なので、中距離ブロックの指導をされていた石井隆士先生に申し出て、2日目からは長距離グループのほうに移らせてもらった。

石井先生は1500メートルから箱根駅伝までマルチで活躍されたすごい方だった

ので、話を聞いてもらえるかどうか不安だったが、優しく接してくださった。石井先生は今も日本体育大学で中距離ブロックの指導をされていて、大会などでお会いした際には中距離選手のトレーニング方法について教えてもらったりもしている。あのときの生意気だった私のことを覚えてくださっているのだろうか。

長距離グループに移ると、そこには私たちの世代のスーパースターがいた。のちにチームメイトになる東京・國學院大學久我山高校の武井隆次君だった。

武井君は、高校2年生にして世界ジュニア陸上競技選手権大会に出場するなど、全国で名の知られた存在だった。武井君をはじめとした全国の強豪と、5000メートル3本といった、今までに取り組んだこともなかったハードな練習メニューにチャレンジした。国内トップの高校生はこんな練習をやるのか、と衝撃を受けたことを今も覚えている。

話は前後するが、高校2年生になると将来のことも考え始めなければならない。進路指導の先生と面談し、「将来はどうしたい?」と聞かれたときには、ためらうことなく「僕はマラソン選手になりたいです」と答えていた。私としては本気だったが、「マラソン選手は職業ではない。真面目に考えろ」と怒られてしまった。進学校だったのでしかたなかったのかもしれないが、当時は大迫傑君のようなプロランナーもいなかったし、進路指導の先生からすれば、「こいつは何を言ってるんだ」という認識だったに違いない。「そうすると教員でしょうか」と答えて、その場は収まった。部活動で後輩たちの面倒を見ることは楽しかったので、教える立場は意外に合っているかもしれないと考えていたのだ。

当時は箱根駅伝のことはよく知らなかったが、マラソンで活躍していた瀬古さんや中山竹通さんには憧れていた。野球に夢中だった子どもの頃にプロ野球選手になりたいと思っていたことと、なんら変わりはない。彼らに憧れ、マラソン選手になりたいという夢を抱くのは、私には必然のことだった。

競技力の向上に反比例して学業の成績は少しずつ落ちていたが、国体で入賞するなど結果が出始めたことで、スポーツ推薦で大学に進学できる可能性も出てきた。

高校3年生になり、春のインターハイ県予選で5000メートルの県高校新記録を樹立し、7月に行われたジュニア選抜陸上の1500メートルで優勝すると、関東をはじめさまざまな大学から声がかかるようになった。

第3章

運命の師との出会い

必ず見てくれている人がいる

第3章

運命の師との出会い

大学で競技を続けたいという思いが強くなっていたものの、家庭の経済的な事情もあって、父からは国立大学であればいいといわれていた。

いろいろ調べてみると、筑波大学は全国大会で入賞するとスポーツ入試のような試験を受けられることがわかった。1学年上で中距離で全国大会でも入賞していた方が筑波大学で競技をやっていて、ある大会で私に声をかけてくれたこともあり、気持ちは筑波大学に傾きかけていた。

また、地元・関西の立命館大学という選択肢もあった。特待生制度を利用すれば、学費が国立大学相当に減額されるということだった。

高校3年生の春季大会が終わった頃は、進路先はその二択で考えていた。それだけに、関東の私立大学から声がかかっても、はなから選択肢に上がることがなかった。

しかし、その考えが一変することになる。

それは瀬古さんとの出会いがあったからだった。

実は、1988年の3月、びわ湖毎日マラソンで瀬古さんの走りを初めて生で目撃していた。この大会の補助員に駆り出された、当時高校1年生だった私は、折り返し地点で順位を確認する係を務めていた。前年12月の福岡国際マラソンを、負傷のため欠場した瀬古さんにとっては、ソウルオリンピックの代表選考がかかった大事なレース。世間の注目度も高く、沿道には例年よりも多くの観衆が詰めかけていた。

3月中旬で、例年ならまだ寒いくらいなのに、この日は春の陽気で、私も着ていたウインドブレーカーを脱いだほどだった。マラソンランナーにとっては決して恵まれたコンディションではなかったが、瀬古さんは途中まで1キロ3分前後で、当時の日本新記録ペースを刻んでいた。テレビでは細く見えていたのに、生で見る瀬古さんは意外にも筋肉質でガッチリしていた。そのスピードと、腰高で安定したフォームから繰り出される美しい走りに、すっかり魅了されてしまった。

私が進路を考え始めたのとちょうど同じ頃、ソウルオリンピックを終えた瀬古さんが現役を退くことになった。引退後は所属していたエスビー食品陸上部の監督に就任し、翌年からは早稲田大学競走部でもコーチとして指導に当たることが決まっていた。

その瀬古さんが選手勧誘で全国をまわっており、なんとインターハイ近畿地区大会にも視察に来ていたのだ。

しかし、瀬古さんが近畿大会の会場に来たのは3日間の日程のうち2日目で、ちょうど私の出番がない日だった。レースがない日は授業に出席しなければならなかったため、そのときには瀬古さんに会うことはできなかった。

翌日の最終日に、知人から「瀬古さんが花田を見にきていたぞ」と知らされて、驚きとともに、会えなかったことが残念でならなかった。

あとでわかったことだが、瀬古さんは、多くのアスリートの足元を支えたシューズ職人の三村仁司さんを通じて、私の存在を知ったそうだ。

「滋賀に、指導者もいないなか、競技に取り組んでいるおもしろい選手がいる」

関西在住の三村さんに「関西に有望な選手はいますか？」と瀬古さんが尋ねたところ、こんな答えが返ってきたのだという。

もちろん、有力選手が多い近畿地区なのだから、私だけが目的だったわけではなかったと思う。それでも、自分を見にきていたと聞いて、驚きとうれしさで胸の中はいっぱいだった。

ただ、近畿大会では、初日の１５００メートルで優勝し全国大会出場を決めたものの、最終日の５０００メートルは、ランキング１位だったにもかかわらず、体調を崩して２０００メートルで途中棄権に終わっていた。

そんな姿を瀬古さんに見られなくてよかったと思った。

ビジョンを示してくれる師を見つける

初めて瀬古さんにお会いしたのは、インターハイの1500メートルの決勝レースを走り終えたあとだった。

このレースには武井隆次君も出場していた。私はいつもどおりに前半から積極的にレースを進めたが、思ったようにペースが上がらず、ラスト300メートルで仕掛けた武井君に反応できずに、ずるずると後退し一時は7位まで下がった。

最後はもう一踏ん張りし、なんとか5位まで上がったものの、納得のいくレースではなかった。なお、優勝した武井君は、その後の5000メートルも制して二冠を達成している。

そんなレースのあとだったにもかかわらず、瀬古さんが声をかけてくれたことは素直にうれしかった。

また、そのときに瀬古さんから3年後に迫っていたバルセロナオリンピックの記念Tシャツをいただいた。「将来はオリンピックに行こう」という瀬古さんからのメッセージだった。

その後も瀬古さんは何度も自宅に電話をくださり、熱心に早稲田に誘ってくれた。

私の心は揺れ動いていたが、学費のことを考えると、いくら瀬古さんからの勧誘であっても断らざるをえなかった。

そんな折、瀬古さんが「ちゃんと会って話がしたい」ということで、わが家に来ることになった。

「わざわざ来てもらっても、早稲田になんて行けないんだ。断ったほうがいい」

そう両親は言っていたが、結局、瀬古さんを迎えることになった。

もちろん、瀬古さんは憧れのマラソン選手だが、実をいうと、わが家は瀬古さんのライバルの中山竹通さんをより推していた。

ソウルオリンピックの代表選考のいざこざもあって、「一匹狼」の中山さんの立ち居振る舞いがかっこよく見えていたし、なによりも前半からぶっ飛ばすレーススタイルが、私のスタイルにも重なった。

当時、関西実業団駅伝が近江八幡で開催されており、中山さんも出場するとあって、そのレースを見にいったこともある。そのときに知人が撮ってくれた中山さんの写真がわが家の玄関には飾ってあった。

瀬古さんが来ることになり、急いで中山さんの写真を外した。

「断れ」と言っていた両親も、瀬古さんの好物の茶碗蒸しをつくってお迎えした（瀬古さんが勧誘に行くと、どの家でも茶碗蒸しが出たらしい)。

瀬古さんと両親とはすぐに打ち解けたのか、父はソウルオリンピックの代表選考の舞台裏についてズバズバ質問し、瀬古さんは瀬古さんでフランクな方なので「あれはね……」と開けっぴろげに答えていた。そして、

「花田君、世界を目指して一緒にやらないか。マンツーマンで指導に当たるし、将来、君は絶対に強くなるから」

と言ってくれた。自宅まで来てくれたうえに、直接そんな言葉をかけられたら、私の気持ちが傾かないわけがなかった。

高校時代は1500メートルや5000メートルを主戦場としてきたが、大学に入学してから3年間は基礎づくりに充てて、じっくりとハーフマラソン(21・0975キロ)や30キロの距離を走れる体づくりをしていく。

関東に来たら箱根駅伝があるので、大学3年になったら箱根駅伝を走れるようになればいい。さらに3年後に、マラソンに挑戦しよう。

などと、育成プランも提示してくれた。「3年ごとにステップアップする」とは、その後も瀬古さんがたびたび口にしたことだった。

いったん道を決めたら
やるべきことをやって
可能性にかける

いちばんネックだったのは、やはり経済面だった。

早稲田大学には学費免除がない。だが、瀬古さんは、日本育英会（現在の日本学生支援機構）のほか、さまざまな奨学金制度があることを教えてくれた。

瀬古さんが帰ったあとは家族会議になり、反対していた父も考えに変化があった。

「お前がもしも早稲田に行きたいんだったら行ってもいい。ただし、奨学金を借りるなら、自分で返さなければいけない。そういう覚悟があるんだったら行ってもいい」

父にそう言ってもらえて、ようやく私も「本当は早稲田に行きたい」と口に出すことができた。

スポーツ推薦入試とはいえ、基礎能力テストに論文、面接の試験があり、100パーセント合格が確約されているわけではなかった。だから、一般入試で早稲田を目指す人に向けた練習見学会にも足を運んだ。まったく覚えていないが、母によると、自室に「早稲田大学合格」という貼り紙を掲げて、受験勉強に打ち込んでいたらしい。

瀬古さんはこの年、武井君や櫛部君をはじめ、全国大会で活躍していたほかの有望な選手にも声をかけていた。私が両親の了解をもらって受験を決めた連絡をすると、

「君は学力が高いから、推薦入試ではなくて一般入試で受けてくれないか」

と言われた。進学校には通っていたものの、さすがに夏のインターハイの時期まで受験勉強もせずに競技をがんばっていては、そこから受験勉強を始めても間に合わないと思った。

合格が保証されていないうえに、ただでさえ少ない推薦枠に、定員オーバーの人数が受験することになり、瀬古さんも困っていたに違いない。

推薦入試で落ちたら、一般受験でチャレンジするので、まずは推薦入試を受けさせてほしい旨と伝えると、瀬古さんも了承してくれた。当時の推薦入試は2倍強の倍率があったが、私は無事に合格することができた。

早稲田へ進学していなければ、私は別の人生を歩んでいたはずだ。そういった意味でも、この選択が人生の大きな分かれ目になったと思う。

瀬古さんと奥様の美恵《よしえ》さんは、こう言ってくださっていた。

「自分たちのことを東京の親だと思ってくれればいいから、心配しなくていい」

その言葉に甘えて、という表現が正しいかわからないが、真に受けた私は、師である瀬古さんに対して、時に甘え、時に激しくぶつかりながら、選手として、そして人間として成長していくことになる。

第4章

早大三羽烏と呼ばれて

基本の基本をおろそかにしない

第4章

早大三羽鳥と呼ばれて

東京箱根間往復大学駅伝競走、通称「箱根駅伝」は、今やお正月の風物詩として日本中の誰もが知っている大会であり、ビッグイベントだ。

しかし、私が高校生だった当時、関西在住の私にはあまりなじみがなく、私自身もそれほど興味をもっていなかった。

瀬古さんが勧誘してくれた際にたびたび、「関東には箱根駅伝がある」と話されていて、それで認識したくらいだ。

日本テレビ系列による生中継が始まったのは1987年の第63回大会から（私が中学3年生のとき）で、当時は今のようには箱根駅伝の人気は過熱していなかった。

初めて箱根駅伝を真剣に見たのも、高校3年生のときだった。早稲田大学への入学が決まってからだ。

受験前に競走部の寮を見学に行った際に、4年生で主将、さらにはチームの大エースだった池田克美さんにお会いしたことがある。

早稲田は前年度の箱根駅伝でシード権を落とし（当時は9位までに翌年のシード権が与えられた）、その年は予選会を4位で勝ち上がって、本大会の出場を決めていた。

池田さんは、その予選会で個人トップの活躍だった。

「君が来年入ってくる花田か。入れ替わりになるけど、俺たちがちゃんとシード権を獲っておくから心配するな。任せておけ！」

池田さんは、まだ箱根駅伝に予選会があることすら知らない私に、そんな言葉をかけてくれた。

そして、初めて見た箱根駅伝で、池田さんは早稲田のエースとして貫禄の走りを見せた。エース区間の2区を任された池田さんは、8位でタスキを受けると、前を走る選手を次々と抜き去った。

20キロを前に2位に浮上すると、先頭を走る山梨学院大学の留学生ジョセフ・オツオリ選手を猛然と追った。そんな走りを見て胸が熱くならないわけがなかった。

「これはすごい大会だ」

そう認識を改めるのには十分なインパクトだった。

池田さんは、区間賞こそオツオリ選手に譲ったものの、6人抜きの活躍で区間2位だった。

早稲田はその後順位を落としたが、9位に踏みとどまりシード校に返り咲いた。池田さんが私に宣言したとおりの結果になった。

第4章
早大三羽烏と呼ばれて

＊

早稲田に入学する前の2月、私は沖縄県の西表島にいた。同島で行われるエスビー食品の合宿に呼んでもらったのだ。

西表島には、まず那覇に行き、さらに飛行機を乗り継いで石垣島で一泊して、翌朝に船で渡った。

約50分ほどだが、海が荒れていたのか意外と船が揺れたので、私は船酔いして、やっとの思いで西表島に到着したことを覚えている。

到着した日は、午後に軽くジョグをしただけで終わった。

いよいよ明日からは憧れの瀬古さんの指導が受けられる――そう期待していた私が、瀬古さんから最初に教わったのは、なんと〝歩く〟ことだった。

「そんなに練習量をやったことがないから、朝練習は歩こうか。歩くことは基本だよ」

瀬古さんはそう言うと、泊まっていた旅館の庭にあった拳より少し大きい石を2つ拾って、私に渡した。「この石を握って歩け」ということだった。

日本の最南端にある八重山諸島に位置する西表島の日の出は、この時期だと7時半前と遅い。

朝練習の時間は少し遅めで6時30分集合だったが、あたりはまだ暗かった。

当時の西表島には信号機が1つしかなく、それも交通ルールを学ぶために小学校の前に設置されていると瀬古さんから聞いた。車も数えるほどしか走っていなかったからだ（だから合宿には最適とも言っていた）。

そんな状況なので当然、街灯もほぼなかった。真っ暗いなか、どこで折り返すかも知らされないまま、私は瀬古さんと2人、歩き始めた。

瀬古さんの歩くスピードは、シャレにならないほど速かった。

歩くというよりはもはや競歩に近いスピードである。私も決して遅いほうではなかったが、手に大きな石を持ち、走りに近い腕振りをしながら歩いているので、数分歩くごとに少しずつ遅れ始めた。

小走りして、追いついてはまた遅れ、追いついては遅れと繰り返すこと30分。ようやく空が明るくなり始めた頃、瀬古さんは折り返して、元来た道をまた猛烈な速さで歩き始めた。

今振り返ると、感動的な一場面かもしれないが、そのときは「これが明日からいつまで続くのだろう」と恐怖と不安でしかなかった。

約1時間歩いて、ようやく旅館の前に着いたときには、私は汗だくで、石を持ち続けた上腕二頭筋は、伸ばすのを拒むかのようにパンパンに張っていた。

「なんだ、ウォーキングか」となめていたが、こんなにきつい朝練習は初めてだった。

このように、世界を目指す私に対する瀬古さんの指導は、歩いて土台づくりを始めるところからスタートしたのだった。

＊

この合宿では実業団選手のすごさも実感させられた。

本練習では、1984年のロサンゼルスオリンピック男子10000メートル7位入賞の金井豊さんと一緒に走る機会があった。

一緒にというと聞こえはいいが、金井さんが5キロ3本をやるうちの1本だけ、1000メートルのインターバル20本をやるうちの5本だけを混ぜてもらうといったかたちだった。

それでも、金井さんについていけず遅れてしまった。

金井さんが50キロ走をやるときには20キロまで私も一緒に走る予定だったが、途中で遅れてしまい、金井さんの伴走をしていた車に迎えに来てもらう始末だった。

トラックシーズンに入る前の2月は、高校ではサーキットトレーニングが中心で、スピード練習はあまりやっていなかった。

今思えばできなくて当然だが、マラソンランナーはこんなにすごい練習をするのかと驚かされた。

と同時に、自分も将来はマラソンランナーになるつもりだが、はたしてこんな練習ができるようになるのかと不安になった。

とにかく、ここでしっかり土台づくりをして、スムーズに大学生活に入ろうとがんばったが、そううまくはいかなかった。金井さんたちと20キロ走をやったあと、右のアキレス腱が痛くなってしまい、合宿後半は走れない日々が続いた。

合宿から戻ってからもあまり良くならず、少し体重も増えた状態で競走部合宿所に入寮。私の学生生活がスタートした。

＊

同期には、高校時代から全国トップクラスの実力を誇っていた武井隆次君と櫛部静二君がいた。

武井君は、高校生として初めて5000メートル13分台を出した選手で、前述したように、３年時の全国インターハイで１５００メートルと５０００メートルの二冠を成し遂げていた。

本人に言うと怒られそうだが、見た感じはおっとりしていてアスリートっぽくないのだが、練習が始まって「１周○○秒ペースで」と言われれば、時計を見なくてもそのとおりに正確にペースを刻む。

全国選抜合宿で一緒に練習したときに、そのすごさを肌で感じていた。

櫛部君は、３０００メートル障害のインターハイチャンピオンで、高校３年時には８分44秒77の驚異的な高校記録を打ち立てている。

その記録は、のちに三浦龍司選手（現・ＳＵＢＡＲＵ）に塗り替えられるまで、30年もの間破られることがなかった。また、長い距離も得意としており、１００００メートルの高校記録ももっていた。

一方、私の実績はというと、ジュニア選抜陸上の１５００メートルで優勝はしたものの、インターハイは５位にすぎない。

武井君、櫛部君、私の同期３人は、「早大三羽烏」などと称されたが、明らかに私の実力はほかの２人に比べると劣っていた。

しかも、ケガまでしていたのだから、マイナスからの出発だった。

私たち3人は、瀬古さんが勧誘して早稲田に入った初めての選手たちだ。いわば、瀬古門下の一期生ともいえる。

瀬古さんの私たちに対する期待も大きかったはずだ。

武井君は高校生ナンバー1の選手で完成された選手。櫛部君は実績はもちろんだが、その走りぶりは将来が楽しみな選手。花田は、まだ専門的な練習をやっていないから未知数……。

入学当時の3人の評価はこんな感じだったのではないだろうか。

*

実際、即戦力ルーキーの武井君と櫛部君は、1年目のトラックシーズンから関東学生陸上競技対校選手権大会（関東インカレ）や東京六大学対校陸上競技大会などでエンジのユニフォームを着て活躍していた。

その傍らで、同じスポーツ推薦の立場ながら、私は補助員や応援要員でしかなかった。走れない期間、2人との差はどんどん大きくなっていった。

元気のない私を見かねて、瀬古さんは頻繁に声をかけてくれた。

瀬古さんはポイント練習のある日しか所沢には来なかったが、ケガで走れない私にも必ず声をかけてくれた。

「花田、足の調子はどうだ？　落ち込んでいてもしかたないから飯でも食いにいこう」

そう言って、練習後に都内で待ち合わせて食事をご馳走してくれた。

また、瀬古さんから紹介された治療院の帰りには、瀬古さんが監督をしていたエスビー食品陸上部のクラブハウスに呼ばれ、夕食をご馳走してくれたこともあった。

ケガが良くなって、ようやく試合に出られるようになったのは7月だった。

その期間、腐らずにリハビリを続けられたのは、そうした瀬古さんのサポートがあったからだと今も感謝している。

本音を言ってくれる友をもつ

第4章

早大三羽烏と呼ばれて

同期では、櫛部君とはとくに仲が良かった。

実をいうと、入学したばかりの頃はそうでもなかった。当時から櫛部君はおしゃれで、服装やアクセサリーの類にもこだわっていた。

かたや、私はバッグ1つで入寮し、私服はズボンとトレーナーが2着ずつしかなかった。奨学金を3つも借りていたので、月々そんなに自由に使えるお金がなかったのだ。同じ地方出身なのにこの違いは何か。櫛部君がまぶしく見えた。

そんな櫛部君に対して一目を置くようになったのは、あることがきっかけだった。

競走部の寮に入ると、1年生はさまざまな当番をやらなければならない。トイレなどの掃除や食時後の食器の後片付け（洗うのは各自）はもちろん、電話番やお風呂番というのもあった。

当時は、携帯電話はなく、寮にはピンクのコイン電話が1台だけあり、1年生が交代で寮にかかってくる電話に対応していた。

また、寮の風呂はそんなに広くはなく、せいぜい6人くらいでいっぱいだったので、先輩から順番に入っていた。

「お風呂が空きました」と知らせるのがお風呂番の仕事だった。

ケガをしていた私は、練習や授業以外の時間には治療に出かけていることが多く、帰りも遅くなりがちで、1年生の当番を抜けることが多かった。

そんな折、私の不手際を指摘してくれたのが櫛部君だった。

「花田、お前がちゃんと当番の仕事をしないから、みんな文句言っているぞ」

早稲田の競走部は1学年あたりそんなに人数がいるわけではないので、私が当番の仕事をさぼると、ほかの同級生に皺寄せがいく。

仲の良い同級生はほかにもいたのに、誰も何も言ってくれなかったから、櫛部君の言葉はショックだった。

だが、櫛部君が面と向かって指摘してくれたことは本当にありがたかった。こんなふうに、嫌なことを人に伝えるのは誰しもができるわけではない。その出来事から櫛部君に対しての見え方が変わった。

「いい奴かもしれない」そう思うようになり、話す機会も増えて、仲良くなった。櫛部君とは身長や体重もほとんど同じだったので、櫛部君の服を借りて、一緒に遊びにいくこともあった。

武井君とはそんなにつるむことがなかったが、自分が強くなれたきっかけは武井君のレースにあったと思っている。

今でも覚えているのは、大学2年、1991年の日本学生陸上競技対校選手権（日本インカレ）だ。

私はこの大会に出られず、国立競技場のスタンドで応援する側にまわっていた。早稲田は、ちょうど3000メートル障害の水濠があるあたりのスタンドの上のほうに陣取って武井君に声援を送っていた。

武井君は5000メートルと10000メートルの2種目に出場し、ともに優勝を飾り二冠を成し遂げた。

両種目とも最後は順天堂大学の本川一美選手と競り合いになったが、武井君はきっちりと勝ち切ってみせた。そんな武井君のレースを見て鳥肌が立った。そして、

「自分もいつかあんな選手になりたい」

という思いを強くした。

＊

武井君と櫛部君は練習でも強かった。

私は全部の練習メニューをこなせないので間引きしていたが、2人は1年目からガ

ンガン練習をこなしていた。

長距離には、2日間にわたって行うセット練習というものがある。たとえば、初日に長めの距離を走って負荷をかけ、翌日に疲労のある状態でスピード練習を行う、といったものだ。

長い距離を走るのが苦手な私は、初日の練習を少なめにして、ほかの人よりも体が軽い状態で、自分が得意なスピード練習だけは張り切るものだから、先輩からは「自分勝手だ」「迷惑だ」としょっちゅう怒られていた。

ちなみに、これまで私は厳しい縦社会で生きてこなかったうえに、敬語をあまり上手に使えないので、先輩やOBにも生意気で失礼な口のきき方をしていたらしい。

あるとき、4年生のマッサージをしていた1年生を呼びに行った際、「マッサージ中に失礼いたします」と断りを入れなかったことで、その4年生の先輩から説教されたことがあった。

「お前は目上の人に対してちゃんと挨拶もできないのか。たしかに選手としては強くなるかもしれないが、お前みたいな自分勝手な人間は早稲田大学競走部にはいらない」

体育会系の部活動は上下関係が厳しいといわれていた時代で、そうした説教をされることはよくあった。

高校時代、ゆるい部活動でやってきていたので、私はとくに手のかかる1年生だったに違いない。

*

「早大三羽烏」とメディアでは取り上げられていたものの、1年目の私は本当に弱い選手だった。

私たち3人に対して、瀬古さんは事あるごとに、

「お前たちは箱根駅伝じゃなくて、その先のオリンピックを目指してやらないとダメだよ」

と言っていた。しかし、夏合宿に入り距離走やスピード練習を全体でやるようになると、チームの雰囲気は箱根駅伝モードになってきた。

武井君と櫛部君は全体に混ざってガンガン練習をやっていたが、私は少し練習を積むと、足に痛みが出て中断したり、体調を崩して別メニューになったりと、継続して練習ができなかった。

当時の練習日誌を振り返って見てみても、夏合宿の時期の8月、9月は、両方とも

月間４００キロにも満たない走り込み量だった。

チームにもよるが、今は箱根駅伝を走る選手なら月間６００キロ以上は当たり前で、強豪校だと夏合宿の時期には、月間１０００キロを超える選手も多い。いかに私が練習できなかったかがわかるだろう。

それでも、10月の出雲駅伝（第2回大会で、当時は「出雲くにびき全日本大学招待ロードリレー大会」という名称だった）は、1区間の距離が短かったこともあり、１５００メートルで秀でていた私にも出番がまわってきた。

私が任されたのは3区、５・３キロ。早稲田は、1区・武井、2区・櫛部、3区・花田と、前半に話題の「三羽烏」を並べたオーダーだった。

1区の武井君はその実力を余すことなく発揮して、区間賞の走りでトップで中継。2区の櫛部君も先頭争いを繰り広げて、私が待つ第2中継所にはトップで駆け込んできた。

上位争いは秒差で続いていたが、私もなんとか先頭を守り切って4区の先輩につないだ。私は区間賞を獲得し、高校時代に目標としていた濱矢将直さん（大東文化大学）にも先着した。

なんとか「三羽烏」としての面目は保ったものの、それほど強い選手が集まっていない、いわゆる〝つなぎ〟区間だったので、決して手放しでは喜べなかった。

出雲駅伝のあとは、当時の早稲田は全日本大学駅伝に出場していなかったので、休む間もなくまた箱根駅伝に向けた走り込みが始まった。

11月に入ると、神宮外苑で20キロのタイムトライアルを行ったり、府中20キロレースに出場したりと、仮想・箱根駅伝の練習が始まった。

府中20キロレースでは、櫛部君が1年生ながら60分台の好タイムで優勝。武井君も61分台で走っており、すでに主力の走りを見せていた。

一方、私は64分ちょうどで19位と、2人とは2分以上の差があった。

それでも当時の早稲田は選手層が薄かったので、私のレベルでもチーム内の10番以内には入っていた。

調子に波があったので、箱根駅伝を走れるかどうか、ギリギリのポジションにいた。

*

当時の箱根駅伝のルールでは、12月10日に1区から10区までの走者を登録しなければならなかった（現在は、12月10日のチームエントリーで16人を登録し、12月29日に

1区から10区までの区間エントリーを行う)。

瀬古さんが選んだ早稲田のオーダーは、出雲駅伝のときと同じく、1区・武井、2区・櫛部、3区・花田という並びだった。

今でこそ、3区には各校のエース級が投入されるようになったが、当時は「新人区間」といわれており、1年生やそんなに強くない選手が起用されることが多かった。勢いのあるルーキーを頭から並べたという見方もされたが、武井君と櫛部君が主要区間に起用されたことも、私が新人区間の3区に配されたことも、妥当といえば妥当な区間配置だった。

もちろん、当日変更の可能性も残していたものの、私は1年目から箱根駅伝を走ることになった。

しかし、3区にエントリーされたあとに、私は足を痛めてしまった。

忘れもしないのはクリスマスイブの日だ。故障していた私は、数日前にあったタイムトライアルを走ることができなかった。

それでこの日、神宮外苑で1人で20キロのタイムトライアルをやることになった。

これを瀬古さんの定めたタイムで走れれば、予定どおり3区でいく、というとても大事な練習だった。

しかし、ケガ明けでまだ十分な練習ができていなかったこともあり、出だしこそ良かったが、5キロを過ぎてから徐々にペースダウン。見かねた瀬古さんは、両腕で大きな×印をつくって「もう終わり」と声をかけてきた。だが、私は「大丈夫です、行けます」と静止を振りきって、結局、最後まで走りきった。

1時間8分40秒もかかってゴールし、両膝をついてぐったりしていると、瀬古さんの怒号が飛んできた。

「バカ野郎、何やってんだ！　バカ野郎、だから途中で止まれと言っただろう!!　バカ野郎……」

瀬古さんはめずらしく怒っていた。

瀬古さんがやめろといった10キロあたりで止まっていれば、そこまで悪いタイムではなかったが、最後まで走ったことで、とてもメンバーとして選べないタイムになってしまったからだろう。

それは、私に対してなのか、できない練習をさせてしまった自分への憤りなのか、瀬古さんは悔しそうに、「バカ野郎」と何度も口にしていた。

あきらめない、そして油断もしない

第4章

早大三羽烏と呼ばれて

「もうダメだ。これじゃあ、もう箱根には出られない」

そんな絶望感ばかりが募った。

その日は月曜でチームの練習集合はなく、寮の食事もなかった。そこで、クリスマスイブということもあり、当時付き合っていた彼女の家で夕方から食事をすることになっていた。

その日の練習がひどい内容で、瀬古さんに怒られたことを話すと、「とにかく謝ったほうがいい」と彼女に諭され、私は彼女の家から瀬古さんに電話をかけた。

「今日は本当にすみませんでした。でも、このあともしっかり練習して、箱根には絶対に間に合うようにがんばります」

私がそう言葉にすると、瀬古さんも、

「そうか、わかった。じゃあ、がんばれ」

と言ってくれた。ここで終わればよかったのだが、

「ところで、今はどこにいるんだ?」

そう問われて、

「今は彼女の家にいます」

と答えてしまった。瀬古さんには「嘘はつくな」といつも言われていたこともあって、正直に話したほうがいいと思ったからだ。しかし、

「バカ野郎、何やってんだ！　箱根前だぞ、バカ野郎!!」

と、またも怒られる羽目になってしまった。

もちろん、電話を切るとすぐに彼女の家をあとにした。自分が指導者になってから、逆の立場になって選手を叱ったこともあるので、今となっては瀬古さんの気持ちがものすごくわかる（もちろん、怒られる選手の気持ちも痛いほどわかる）。

クリスマスイブのタイムトライアルは最悪だったが、レース4日前の仕上げ練習はよかったので、予定どおり、3区を走ることになった。

「1区、2区の武井、櫛部でおそらくトップで来るから、花田はその貯金を使えばいい。抜かれてもいいから、がんばって粘れ」

そんな言葉で瀬古さんは私を初めての箱根路に送り出した。

＊

瀬古さんの目論見では、私はトップでタスキを受け取るはずだったが、2区の櫛部君の姿がなかなか現れなかった。

前兆はあった。櫛部君は大晦日に軽い食中毒を起こしていたのだ。

幸いにして体調は回復したものの、前日には「笑うとまだお腹が痛い」と話しており、櫛部君の状態は決して万全ではなかった。

前述したとおり、当時は12月10日に区間エントリーがあり、〝花の2区〟にはすでに櫛部君が登録されていた。

当日変更で補欠の選手を起用するとなると、11番目の選手がエース区間を走らなければならない。選手層が薄い早稲田にとって、序盤の出遅れは致命傷になりかねなかった。

11番目の選手は、20キロはどうがんばっても1時間5分はかかりそうだったが、櫛部君は普段の練習でも力をセーブして1時間2分くらいでは走っていた。

食中毒で1日は寝込んでいたが、逆に疲労が抜けたのか、見た目にはかなり元気そうだったので、そのまま櫛部君でいこうと瀬古さんは判断したようだった。

1区の武井君は想定どおりの走りを見せた。

2位の日本体育大学に20秒以上の差をつけただけでなく、区間新記録を樹立するという華々しい箱根路デビューを飾った。

武井君の快走に、櫛部君も燃えないわけがなかった。さらに、思いのほか走りだしてみると体が軽かったのだろう。瀬古さんからは、

「前半を抑えていけ」

と言われていたが、武井君から先頭でタスキを受けた櫛部君は、前半からハイペースで突っ込んだ。

中継所にテレビがあったのか、それとも、付き添いから伝え聞いたのか、今となっては記憶が曖昧だが、櫛部君が快調に走りだしたのを知って、

「どんなに悪くても3番くらいではタスキをもらえるだろう」

と私は思い、やや緊張し始めていた。

2区の難所・権太坂《ごんたざか》を越えても櫛部君の快走は続いていた。しかし、終盤に入ってペースダウン。20キロ過ぎには3位まで順位を落としたという情報が入ってきた。

日本体育大学に先頭を明け渡したものの、想定したとおり、3位くらいで先頭からそれほど遅れずにタスキをもらうことになるだろうと思い、私はボアコートを脱いで中継ラインで待っていた。

だが、そこからが長かった。残り1キロ地点を通過したと聞いたのに、エンジのユ

ニフォームはなかなか視界に入ってこなかった。

沿道からは、「櫛部は来ないかもしれない」とか、「早稲田はたぶんタスキがつながらないぞ」などといった声も聞こえてきた。

ようやく櫛部君の姿が見えたのは、トップのタスキリレーから7分が経とうとした頃だった。

櫛部君の姿が見えると、私は大きな声で「クシベー！」と叫んだ。

櫛部君は虚ろな表情で歩くようなスピードだったが、両手でしっかりとタスキを持ち、一歩一歩着実に私のほうに向かって歩を進めていた。

思わぬかたちで私の箱根駅伝は幕を開け、私は14位で戸塚中継所を出発した。

瀬古さんからは「抜かれてもいい」と言われていたのに、私の後ろには1チームしかなかった。

結局、私は2人を抜いて12位で4区の深谷弘先輩にタスキをつないだ。区間6位だった。

区間賞を獲った大東文化大学の大津睦さんよりも3分以上遅いタイムで、決して速いとはいえないが、区間順位が良かったことで、あとで瀬古さんからは「よくがんばった」と少しだけ褒められた。

早稲田はその後、4区、5区で1つずつ順位を上げて往路は10位でゴールしたが、復路ではまた順位を落とし、結局11位に終わり、再び予選会行きとなった。

レースを終えた私と櫛部君は、翌日は一緒に電車で大手町のゴールに向かった。電車内でスポーツ紙を読んでいる人がいて、その一面には私と櫛部君のタスキ渡しの写真がでかでかと載っていた。

2人とも早稲田のエンジのジャージを着ていたので、明らかに目立っていたが、意外と気づかれていない様子だった。

「櫛部、めっちゃ大きく出てるぞ」

「マジ、やばいな」

新聞に載った自分たちを見て、箱根駅伝の注目度の高さを思い知らされた。

第5章

流した汗と涙は

若いときに流さなかった汗は
老いて涙となって流れる

第5章
流した汗と涙は

大学1年目は、紆余曲折あったものの、なんとか箱根駅伝には出場することができた。

年が明けて2年目のシーズンに入ると、ケガで休むこともなくなって、記録も着実に伸びていた。しかし、瀬古さんの期待に応える走りはできていなかった。

箱根駅伝は予選会からのスタートとなったが、櫛部君は個人トップ、武井君も6位、チーム内でも2番目と、チームに貢献する走りだった。しかし、私は2人からは1分以上遅れる27位、チーム内でも5番目という結果だった。

早稲田は櫛部君のトップをはじめ、20位までに4名が入る好走で、総合2位の専修大学に1分半以上の差をつけて、目標どおりトップ通過を果たした。

しかし、私自身は評価を下げる悔しいレースとなった。

「花田はダメだな……大事なとこで走れない」

レース後、瀬古さんにそう言われて、申し訳ない気持ちになった。

箱根駅伝本戦では、早稲田は前回大会と同じく、1区武井、2区櫛部、3区花田のオーダーで臨んだ。

2区の櫛部君から今度は3位でタスキを受け、戸塚を走りだした。瀬古さんからは、

「お前はスタミナがないから、前半は絶対に抑えていけ。勝負は15キロを過ぎてからだから、そこまでは辛抱しろ」

そう指示を受けていた。そのため、後ろの選手には5キロもいかないうちに追いつかれてしまい、縦長の集団ではあったものの、一時は5位まで順位を下げた。しかし、瀬古さんの指示どおり、ラスト5キロからペースアップして2人を抜き返し、単独3位のまま4区の小林正幹君にタスキをつないだ。

結果は区間3位と、順位だけ見ればかなり良かったが、入学当初から期待されていた選手の活躍としては物足りないものだった。それでもその年、早稲田はほかの選手のがんばりもあり、総合で6位となり、シード権を取り戻した。

私は安堵と満足感もあって、箱根後はジョグこそやっていたが、練習の質は低く、とても世界を目指してやっている選手とは思えない状態だった。

2月下旬には、西表島と宮古島での沖縄合宿が控えていたが、その前に瀬古さんに呼び出され、最後通告を受けた。

「家に勧誘に行ったときに、石の上にも3年という話をしたのを覚えているか。3年目の今年、グッと伸びなかったから、日本代表レベルになんてなれないな。今年もその調子だったら、俺はお前の面倒は見ない。どこか取ってくれる実業団チームに行って、楽しくやればいい」

普段とは違って、冷静な口調で話す瀬古さんの口ぶりに、「さすがにこのままではやばい」と強い危機感を感じた。

沖縄合宿に、私の競技人生がかかっていた。

それまでの合宿では、まともにみんなと朝練習をやったことがなかった。

朝の集団走では遅れたり、途中でやめてしまったりで（足を痛めていたのもあるが）、本練習でも間引きした内容でこなすのがつねだった。

しかし、今回はとにかくみんなと同じ内容をすべてこなそうと決めて臨んだ。

西表島での朝の集団走は、途中で遅れてしまうこともあったが、そのぶん、みんなよりも長く走ることにした。

7時半あたりで大半の選手は朝練習を終えるが、私は全員が上がるまで終わらないと決めていた。

さすがに8時近くになり、朝食の時間が迫ってきて、

「おい、花田、先に上がるぞ」

と瀬古さんから声をかけられて上がることもあった。

当時の合宿では、午前と午後も集合して、1日3回練習をするのが基本だった。いつもなら、必ずどこかでさぼっていたが、今回は3回の練習もこなした。

それまで週200キロを超えて走ったことはなかった。

しかし、この合宿では1日で50キロを超えた日が2日もあって、合宿初日からの10日間で344キロ（1日平均34キロ）を走っていた。

＊

何もない大自然の西表島から、リゾートホテルに宿泊する宮古島に移ると、いよいよ合宿も終盤を迎えた。

合宿最後の練習は、5キロ3本というタフなメニューが待っていた。

私はこれまで、どの合宿でもメニューをすべてやりきったことがなかった。

この最後のポイント練習をやり遂げれば、初めて合宿のメニューをすべてこなしたことになる。

これをやりきれば、自分は変われるのではないかと考えていた。

しかし、気持ちはそのつもりでも、体は正直だった。慢性的な痛みを抱えていた右

第5章

流した汗と涙は

アキレス腱が悲鳴を上げていた。

痛みと付き合いながらの2年間だったので、感覚的に「これはやばい」という状態になっていることはわかっていた。

それでも最後までやりきるべきではないか、瀬古さんに自分は変わったというところを見てもらう必要があるのではないかと、ウォーミングアップをしながら私は葛藤していた。

アップを終えても痛みは増すばかり。これ以上やったら明日から完全に走れなくなってしまうと判断し、瀬古さんに練習の中断を伝えることにした。

「瀬古さん、すみません。今日のポイント練習ですが、アキレス腱が痛いのでできません……」

そう話し始めると、悔しくて、情けなくて涙がボロボロこぼれてきた。人前で泣いたことはあまりなかったのに、このときばかりは、気がつくと嗚咽していた。

「……わかった。もういいからホテルに帰れ」

瀬古さんにそう言われ、とぼとぼと歩いてホテルに帰った。

その日の夜のことだ。夕食を終えると瀬古さんから、

「花田、あとで来い」

と呼び出された。

食後に、スタッフが集まって飲みながら打ち合わせをしている場所を訪ねると、瀬古さんからビールを勧められた。

「足も痛いのでやめておきます」

私がそう答えると、瀬古さんは、

「今日はいいんだ。よくがんばったから飲んでいいぞ」

そう言ってグラスにビールを注いでくれた。

いよいよクビを宣告されると思っていただけに、少し戸惑いながら冷えたビールを飲んだ。そんな私を見ながら、瀬古さんは言葉を続けた。

「花田、この合宿でお前は本当に練習をよくがんばっていた。いつも言っているだろう、若いときに流さなかった汗は、老いて後悔の涙となって流れる、と。今回、お前は人一倍、汗を流していたから、今年は絶対に強くなる！　花田は変わったよ」

練習のやりすぎで、足も痛くて体はボロボロの状態だったが、そう言いながらうれしそうにビールを飲んでいる瀬古さんを見ていると、なんだか元気が湧いてきたことを覚えている。

「若いときに流さなかった汗は、老いて涙となって流れる」

何度となく瀬古さんから聞かされた言葉だったが、このとき私は、それを身をもって体験した。

*

瀬古さんの予言したとおり、大学3年は私の飛躍の年となった。

4月の和歌山リレーカーニバルの5000メートルで初めて13分台（13分58秒2）をマークすると、5月の関東インカレ1部では、1500メートルで優勝し、翌日の5000メートルでも2位となった。

6月の日本選手権では1500メートルで5位入賞、その後の東日本実業団・関東学生対校でも5000メートルで、13分58秒13の自己新記録を出して優勝した。

まだまだ波はあったものの、栄養改善やメンタルトレーニングも始めたことで、秋のロードシーズンを迎える頃には、チームの主力選手として期待に応える走りができるようにもなった。

あの沖縄合宿で流した汗と涙がなければ、この年の躍進はなかったことだろう。

数字は参考にしつつもとらわれない

第5章

流した汗と涙は

大学2年終わりの沖縄離島合宿が、私の競技者としての飛躍に大きな影響を与えたことは事実だが、ほかにもきっかけとなる出来事がいくつかあった。

2年生までは本当に弱い選手だった。しかし、それがデータとして明らかになってしまうショッキングな出来事があった。

大学2年時の2月の姫路10マイルでひどい走りをした数日後、瀬古さんは早稲田の上位選手を連れて、日本陸上競技連盟の関連施設で体力測定を行った。

選手たちがもっている潜在的な能力を知ることで、個別に、より細かい指導をしようと考えたのだろう。身長や体重、各部分の筋力、肺活量などとともに、長距離選手の能力の指標となるVO2max（最大酸素摂取量）や乳酸値を測定した。

測定後に、プリントアウトされたデータを基に説明を受けた。スポーツ推薦で入学した選手が中心で、10名ほどだったように記憶しているが、VO2max、乳酸値の両方で、いちばん数値が良くなかったのは私だった。その数値では、5000メートルまでは走れても、それ以上の距離になると、息も上がって乳酸が溜まり、後半は動かなくなるだろうとのことだった。

「まあ、花田は中距離上がりだし、しかたないよ」

などとチームメイトから慰められたりもしたが、私はひどくショックを受けた。
私は小さい頃から活発で、運動は得意だった。水泳だけは苦手だったが、それ以外のスポーツなら何でもできた。そのなかでも走ることはとくに秀でていたので、中学の途中からは走ることに専念してここまできたのだ。しかし、その長距離の才能も、世界を目指そうと集まってきたメンバーに比べると、たいしたものではないのかもしれない。データを目の当たりにして、さすがに落ち込まずにはいられなかった。

しかし、そこから立ち直るきっかけとなる出来事もあった。

当時は、瀬古さんがエスビー食品陸上部の監督を兼ねていたこともあって、エスビーの合宿に早稲田の選抜メンバーが混ざってやることが多かったが、その合宿期間中、瀬古さんの計らいで、山西哲郎先生の話を聞く機会があった。

山西先生は当時、群馬大学でスポーツ運動学や陸上競技の講義、実技を担当されていた。また、ランニングに関する書籍も数多く出されており、ご自身も東京教育大学在学中に、箱根駅伝にも二度出場されている。

話の内容は、VO2maxや乳酸値はもちろん、トップランナーの話にも至った。そのなかでもフランク・ショーターの話は、私にとってとても興味深いものだった。

フランク・ショーターは、1970年代から1980年前半にかけてマラソンで大活躍した選手で、1972年のミュンヘンオリンピックでは男子マラソンで金メダル、10000メートルでも5位に入賞を果たしている。

また、福岡国際マラソンを4連覇、1973年のびわ湖毎日マラソンでも優勝するなど、日本でもよく知られた選手だ。彼はアメリカの名門イェール大学に学び、その後はフロリダ大学の法科大学院に進んで弁護士資格も有するなど、私からすると文武両道の神様のような人物だ。山西先生はこう話した。

「伝説的選手のショーターも、数字上は長距離選手に向いていなかった」

私と同じようにVO2maxが低かったという。VO2maxは、運動中に体内に取り込まれる酸素の最大量で、全身持久力の指標となる数値だ。長距離走を得意としている人ほどその数値は高い。つまり、ショーターも数字上は長距離走に向いていなかった。

それでもショーターはくじけなかった。医学の知識ももちあわせていたショーターは、自身の体を実験台にし、極限まで体脂肪を落とした。また、今や長距離ランナーの合宿地として知られる、標高約1600メートルのアメリカ・コロラド州のボルダーに移り住み、高地トレーニングにも取り組んだ。

このような努力があって、ショーターは世界のトップランナーに上り詰めたのだ。

このときから、ショーターは私にとって憧れの人になった。その話を聞いたあと、大学の図書館でショーターの本をむさぼり読んだ。同じ練習はできないまでも、それ以外のことで競技力向上につながることは何でもやってみようと思うようになった。

まずはランニングフォームの改善。中距離特有の跳ねる走りだったのを、瀬古さんや中山選手の走りを真似したり、イメージしたりして、腰高で無駄のない滑らかなフォームで走ることを心がけた。

今では当たり前のことだが、当時はやっている人も少なかった、故障予防のための練習前後のストレッチを欠かさずにやった。自分に必要な補強トレーニングも習慣づけてやるようになった。また栄養面でも、それまでは寮で出される食事しか食べていなかったが、揚げ物が多くバランスがよくないと感じていたので、納豆や野菜、とくにニンジンを買ってきて食べるようにした。

そして迎えた1年後、3年時の2月、また同じ時期に体力測定があった。

するとどうだろう、今後はVO2maxも乳酸値も、私がいちばん優れているという結果が出たのだ。なによりも良かったのは乳酸値で、私は運動強度が上がっても乳酸値の上がりは遅く、データ上は5000メートル12分台、マラソンでは2時間5分台は出せるとのことだった。

　さすがにデータどおりの走りはできなかったが、ちょうど早稲田が箱根駅伝で総合優勝し、私も4区区間新記録を出したあとだったので、それを裏付ける結果だった。

　後日談だが、実業団1年目の海外遠征で、ある大会にゲストランナーとして参加していたショーターさんに初めてお会いし、写真を撮ってもらったことがあった。

　さらに後年になって、ショーターさんが岩手の一関国際ハーフマラソンにゲストランナーとして来日された際、私は指導者として上武大学の選手を連れて参加していて、そこで再びお会いすることができた。私はあの写真を手に、

「選手時代にあなたと一緒に撮ったものです。サインしてもらえますか。私は学生時代にあなたの本を読んで、そのおかげでオリンピックに2回出ることができました」

　そう伝えると、「Oh Great!」とショーターさんはとても喜んで、サインはもちろん、今度は肩を組んで写真を撮ってくれた。

　この2枚の写真は、その後、たまたま古書店で手に入れたショーターさんの本とともに、今でも私の宝物となっている。

良いメンタル状態で試合に臨めば良い結果が出る可能性も高くなる

第5章

流した汗と涙は

早稲田大学時代は、競技で悩むと大学の図書館に行って、今の自分を変えるためにいい本はないかと探すことが多かった。

ショーターさんの書籍ともそれで出合うことができたわけだが、もう一冊、その後の私を強い競技者へと変えるきっかけをつくった本があった。

それは、スポーツ心理学の権威、ジム・レーヤー博士が書いた、『メンタル・タフネス』（CCCメディアハウス）という本だ。

私は試合前になると、緊張からか力を出せないことも多く、「花田はガラスの心」とか「試合で弱い」などとよく言われていた。

大学3年生になって、ようやく結果がともなうようになってきたものの、その夏も武井君や櫛部君のように海外遠征には連れて行ってもらえなかった。

落ち込んで向かった先はやはり図書館だったが、スポーツ心理学の棚を探していた際にこの本に出合ったのだ。

書かれている内容は、今、読んでみると当たり前のことばかりだが、当時の私はその当たり前のことができていなかった。

たとえば、試合に臨む際の心理状態はどうか。高いモチベーションを保っていたり、チャレンジャー精神で臨んだりしたときには、試合の結果も良かった。

逆に、結果が悪かったときを思い返してみると、「今日はダメかも」とか「体が重い」などとネガティブな心理状態になっていた。

ということは、良いメンタル状態を保って試合に臨めば、良い結果が出る可能性も高くなるということで、つねにレースに向けて良い心理状態をつくっていくことが大切と書かれていた。

また、緊張する場面で「プレッシャーを感じる」という言葉をよく耳にするが、これについても、プレッシャーというのは外的なものではなく、自分自身がつくり出しているものにすぎないとも書かれていた。

さっそく本の内容に従って、レースを振り返ってノートにまとめてみたり、ビジュアライゼーション・トレーニング（積極的で強い自分の理想像をイメージする）をやったりしてみた。

その成果は、意外と早く試合結果に表れた。

3年生の秋のシーズンは、自己ベストを更新したり、コンディションが悪いときにもそれなりの結果でまとめられたりするようになってきた。ある記録会で、スローペースの展開となって自分が終始先頭で引っ張るかたちとなった。結果的にはラストで抜かれ2位となり、自己ベストにも届かなかったが、

「この条件のなかでよくまとめて走った」

と、レース後に瀬古さんには褒められたことがあった。

後述するが、1カ月半にわたったヨーロッパ遠征で、7試合中6試合で自己記録を更新する快走ができたのも、この本のおかげでメンタル強化ができたことが大きい。

指導者になってから、選手たちが迷ったり悩んだりしたときに本を読むことを勧めるのは、こうした自分の実体験からきている。

＊

ショーターにならって、体質改善もしなければならないと思い、食事にも気を使うようになった。

寮では、向いに住んでいるおばあちゃんが食事をつくりに来てくれて、朝夕の2食は提供された。その方とは仲が良くて、お昼ご飯をつくってくれることもあり（本来は寮では提供されない）、私も帰省するたびにお礼のお土産を買って帰った。

そのような交流はさておき、学生寮の食事にはありがちだが、揚げ物が並ぶことが

多かった。ハードな練習のあとにはなかなか受けつけないし、そんなに量を食べられなかった。

お金もあまりなかったので、外食をすることも補食を買うこともなかなかできなかったが、寮の食事は野菜が少ないため、3本100円くらいで売られているニンジンを買ってきて、ほぼ毎日食べるようにした。

生のニンジンにはビタミンCを破壊する酵素が含まれているとか、ニンジンは油で炒めて食べたほうが栄養素の吸収がいいなどと聞いていたので、食べるときにはちょっとした工夫もした。

寮では火を使って調理することは禁止されていたので、電子レンジで温めて、マヨネーズをかけて食べるようにしていたのだ。1年間でいったい何本のニンジンを食べただろうか。

また、さすがにこれでは栄養が足りないと思い、

「大事な試合の前には、もっと良いものを食べないとダメだ。絶対に実業団に行って活躍して返すから」

そう両親に無理を言って、仕送りを増やしてもらった。

第6章

海の向こうの世界

たとえ後輩であっても、
目標として最適ならば目標にする

第6章

海の向こうの世界

私が大学3年生になったこの年、2学年下の大物ルーキー、渡辺康幸君が早稲田大学競走部に入学してきた。

渡辺君は、千葉県の市立船橋高校時代から世界ジュニアの日本代表に選ばれるなど活躍していた。高校3年生の12月の中央大学記録会では、櫛部君がもっていた10000メートルの高校記録を36秒も更新する28分35秒8という、当時としては日本トップレベルのタイムで走っていた。入学直前の3月には、アメリカのボストンで行われた世界クロスカントリー選手権のジュニアの部で7位入賞を果たしている。

早稲田大学入学後も、1年目から関東インカレの10000メートルに出場し、武井君に次ぐ2位。9月の日本インカレ5000メートルでも2位となり、5位の私より先着していた。さらに、その1週間後に韓国のソウルで行われた世界ジュニア選手権の10000メートルでは銅メダル獲得と、まさに1年目から大活躍だった。

いつしか、櫛部君、武井君、渡辺君のエース級3人が、「早稲田トリオ」「早稲田の3人組」などと、雑誌や新聞などのメディアで取り上げられるようになっていた。

私はというと、飛躍のきっかけはつかみつつあったが、相変わらず海外遠征には参加できず、世間では「三羽烏」として扱われることも減って、焦りを感じていた。

そんな私に勇気を与えてくれたのは、何を隠そう、その渡辺君だった。

何かの試合のあとで、渡辺君と一緒に夜遅くに寮に帰ってきたときのことだ。消灯後、2人で風呂に入って、その日の試合の反省などを話していた。

「ナベ、俺はどうやったら試合でも勝てるようになるのかな」

「花田さん、大丈夫ですよ。そのうち、勝てるようになりますから。小出先生も、将来はお前と花田の2人が強くなるって、前に言っていましたよ」

小出先生とは、有森裕子さんや高橋尚子さんを育てた名指導者、小出義雄さんのことだ。小出先生は、市立船橋高校の前監督（当時）で、その後は実業団チームのリクルートで指導をされていたが、練習場所が一緒だったこともあり、高校時代は渡辺君もときどき指導を受けていたそうだ。

「だから花田さん、僕と一緒に強くなってオリンピックに行きましょう」

ひょっとしたら、私を励まそうと思って言った作り話かもしれないし、今となっては渡辺君も覚えていないかもしれない。

でも、私がこの話を今でも鮮明に覚えているのは、その話を聞いてやる気になったからだ。それに、そのときから後輩である渡辺君が目標となったからでもあった。

第6章 海の向こうの世界

渡辺君の励ましとハードな練習、それに見合った栄養、休養、そしてメンタルトレーニングの相乗効果もあってか、秋のロードシーズンで私は大きな飛躍を遂げた。

2年ぶりに出場した出雲駅伝は2区で区間2位だったが、早稲田として初出場となった全日本大学駅伝では1区を任された。

前半はスローな展開で、残り5キロあたりでスパートを仕掛けて、2位に25秒差をつけて区間賞を獲得した。第一中継所でタスキをつないだ相手が渡辺君で、満面の笑みで私から受け取ってくれた。その後も早稲田は一度も先頭を譲らず、8区アンカーの櫛部君が大きく手を広げ、最高のポーズで初出場・初優勝のゴールテープを切った。このゴールシーンは翌月の陸上雑誌の表紙になった。

そして迎えた1993年の正月、第69回箱根駅伝。早稲田は1区に櫛部君、2区のエース区間に渡辺君、そして当時は準エース区間といわれていた4区に私が起用されることになった。

1区の櫛部君はスタート直後から飛び出して、前年の武井君が出した区間記録を1分13秒も更新して2位以下に大差をつけてきた。

2区の渡辺君も山梨学院大学の留学生ステファン・マヤカ選手には少し差を詰められたものの、堂々の区間2位でタスキをつないだ。

3区の小林正幹君も区間賞、そして4区の私も従来の区間記録を38秒更新する区間新記録で、2位の山梨学院大学との差を3分以上開けて5区につないだ。

当時の早稲田にとって、5区・6区の山区間は鬼門だった。

往路はなんとか逃げきったものの、6区終盤で山梨学院大学にとうとう追いつかれて、逆転を許してしまった。しかし、その差はわずか9秒。早稲田の7区には満を持して武井君が控えていた。

武井君は1キロもいかないうちに先頭の山梨学院大学を捕らえると、あっという間に抜き去って、従来の記録を1分51秒も更新する快走を見せた。この快走で、2位の山梨学院大学との差は3分以上に広がった。

8区の高瀬豪史君は早稲田実業高校から上がってきた同級生で、理工学部に通っていた。授業で忙しく、平日に練習で見かけることは少なかった。

現代ではオンラインで練習日誌を共有しているが、当時はお互いの練習内容を把握するため、寮の食堂や原マン（原宿マンションの略で、神宮外苑で練習する際に控え

第6章

海の向こうの世界

室として使っていたマンションの一室のこと）に張り出された模造紙に、各自の練習結果を書くことが義務づけられていた。高瀬君の欄を見ると、たまに朝練習の欄に〈30キロ〉と書き込まれていることがあり、みんな驚いたものだ。

高瀬君は中学までは水泳もやっていたようで、筋肉質というか、大柄で体重もやや重い感じだった。しかし、この箱根駅伝のときにはボクサーのように頬がこけていた。痩せるために距離走の前にはリンゴ1個しか食べなかったという話を聞いて、私は「あしたのジョー」（原作：高森朝雄・作画：ちばてつや、講談社）の力石徹を思い出した。

そんな努力を知っていたので、私は高瀬君が8区で区間賞を獲ったと聞いて自分のことのようにうれしかった。

8区が終わった時点で、2位の山梨学院大学とは4分の差ができていた。

9区は駅伝主将の豊福知徳先輩、そして、10区は富田雄也先輩が落ち着いた走りでタスキを大手町まで運んでくれた。

私もほかの部員と共に大手町で富田さんのゴールを出迎えたが、読売新聞社前のゴール付近は満員電車のように人がごった返していた。

このゴールシーンは、ビデオでもたまに見るが、ゴール数百メートル前から歓喜の涙で顔をくしゃくしゃにしている富田さんを見ると、今でもそのときの感動が蘇ってくる。

この年、早稲田は10区間中5区間で区間賞を獲得した。そのうちの3区間、往路の櫛部君と私、そして復路の武井君の3人が区間新記録を出したことで、紙面には久しぶりに〝三羽烏〟の文字が復活した。

箱根駅伝で優勝したことはもちろんうれしかったが、その後の周りの反響の大きさにも驚いた。

それまで画面越しに見ていた日本テレビ系の朝の情報番組「ズームイン‼朝！」に、1月4日の早朝に優勝メンバーでそろって出ることになった。

その後には、新高輪プリンスホテルの大宴会場・飛天を貸し切っての優勝祝賀会が行われた。そして、なによりうれしかったのは、初の海外遠征が決まったことだ。

ちょうどバルセロナオリンピックが終わった翌年で、日本陸上競技連盟としても新戦力の育成を急務としていたのかもしれない。

この箱根駅伝で活躍した選手と、若手の実業団選手を対象とした海外遠征のメンバーに私も選出されたのだ。もちろん、武井君、櫛部君、そして渡辺君も選ばれていた。

高校時代にパスポートを取得してから、4年目にしてようやく使う機会が訪れた。

行先はポルトガルの首都リスボンだった。初めての海外遠征は、とにかく移動時間が長かったことを記憶している。

それでも海外遠征に選ばれたことがよほどうれしかったのか、練習日誌には、その日の移動のことが、記されていた。

〈3月8日夜に千葉の渡辺の家に宿泊。3月9日の午後2時に成田フライト。現地時間17時30分に経由地ロンドン着。現地時間23時10分にリスボン到着〉

日本とイギリスの時差は8時間。イギリスとポルトガルとは時差はないので、計算すると成田出発から17時間もかかっている。それまで、そんな長時間の移動を経験したことはなかったし、時差も初めての体験だった。

リスボンに着くと、疲れからか同部屋の人たちは、宿舎のベッドに入るとすぐに寝息を立てていたが、私は興奮してなかなか寝つけなかったことを覚えている。

高いレベルの環境に身を置く

第6章
海の向こうの世界

遠征の目的は、リスボン・ハーフマラソンに出場することだった。

私たちがリスボンで泊まっていたのは、スポーツセンターのような簡素な宿泊施設だった。

海外遠征の経験のあるメンバーに聞くと、「今回の遠征は待遇が悪い。食事も良くない」ということだった。

たしかに、朝食は主食のパンのほかに、サイドディッシュは2品しか選べなかった。サイドディッシュといっても、ハムとチーズが1種類ずつしかないので、正直、選びようがなかった。

それだけでは足りないからと、ハムやチーズを黙って隠し取って、あとで見つかって怒られていた選手もいた。

瀬古さんからは、海外は食事面が不便だということは何度も聞かされていたし、初めて海外を経験する私にはほかに比較する対象がなかった。

だから、そういうものなのだろうと捉えていた。なにより、初めて海外に来られたことがうれしくてしかたなく、目に映るすべてが新鮮だった。

初めての海外レースも衝撃的だった。

リスボン・ハーフマラソンは、リスボンの名所である4月25日橋の上からスタートして一気に下るコースだった。

スタート地点とゴール地点との高低差が大きい、いわゆるダウンヒルと呼ばれるコースだ。

世界のトップ選手は、ハーフマラソンにもかかわらず、入りの5キロは14分を切るハイペースで突っ込んでいった。

私も下りが得意だったこともあって、5キロを14分ちょうどくらいで通過したが、それでも、先頭集団からすでに50メートル以上は離されていた。

橋を下り終えて、平地に入ると途端にきつくなったが、ソウルオリンピックマラソン金メダリストであるイタリアのジェリンド・ボルディン選手が近くに見えたので、並走しながらなんとか粘った。

ラスト1キロでスパートをかけたが、ゴール前の競り合いで実業団・富士通陸上競技部所属の仲村明さん（現・順天堂大学陸上競技部長距離ブロックコーチ）に競り負けて、私は日本人2番目の11位でフィニッシュした。

優勝した選手は、ハーフマラソンで史上初めて1時間を切る世界最高記録だった。

第6章

海の向こうの世界

そんな歴史的なレースで、私も1時間1分58秒の日本学生最高記録を打ち立てることができた。

しかし、これにはオチがある。世界記録が出たため、距離の再計測が行われたが、数十メートル短いことが判明。残念ながら、私の学生記録は幻に終わってしまったのだ。

行きは経由だけだったが、帰りは夢だったロンドンに一泊することになっていた。ロンドンでの夕食後、実業団の人たちに誘われて街に繰り出したが、悪い店に入ってしまい、みんなで合計20万円近く巻き上げられてしまった。

そうした苦い経験も含めて、初めての海外遠征で得られたものは大きかった。

大学3年生の秋から4年生を迎える春にかけて、私は多くの経験を経て、チームの中堅からエースクラスへと成長を遂げた。

しかし、瀬古さんが言っていた、「世界を知ることが大きな成長につながる」ことを真に体感したのは、4年生の夏に行ったヨーロッパ遠征だ。

それは、私の人生を変えたといっても過言ではないほどの大きなターニングポイントになった。

指導者の仕事は選手の成長の兆しを
見逃さず、その機会を創出すること

第6章

海の向こうの世界

初の海外遠征から帰国後、大学4年目のシーズンは春から好調だった。

4月4日の熊本選抜陸上競技大会（現・金栗記念選抜陸上中長距離大会）の10000メートルで、レース前の〝瀬古さんの予言〟どおり、これまでの自己記録を1分20秒近く更新する28分32秒59で3位に入った。

その後、4月25日に行われた兵庫リレーカーニバルの10000メートルでも、ラスト勝負で渡辺君に競り勝って、学生トップの28分29秒78で自己新記録で7位に入った。

この年は8月にアメリカ・バッファローで大学生世界一を決めるユニバーシアード（現・FISUワールドユニバーシティゲームズ）が開催予定だった。

6月の日本選手権は、同じくその年の8月開催のドイツ・シュトゥットガルト世界選手権陸上とユニバーシアードの代表選考を兼ねたレースとなっていた。

そのレースでは、山梨学院大学のステファン・マヤカ選手が優勝し、渡辺君も日本人学生ではトップの4位に入った。

渡辺君から10秒ほど遅れたが、私も11位で、日本人学生では2番目だった。それでも、自己ベストは私のほうが渡辺君よりも上だったこともあり、渡辺君と2人でユニバーシアードの日本代表に選ばれるだろうと、私は考えていた。

しかし、代表メンバーのなかに渡辺君の名前はあったが、私の名前はなかった。

派遣人数の関係や、日本選手権のレース内容から、本番ではメダルが期待できないと判断されて選ばれなかったのだ。

今になって思えば、大会でメダル獲得が期待できない選手を選ばないのは当然と理解できる。

しかし、当時は落選したことに相当なショックを受けた。レース翌日はまったくやる気が起こらず、練習を休んでしまったほどである。

そんな私に手を差し伸べてくれたのは、やはり瀬古さんだった。

「花田、お前を渡辺の練習パートナーとしてヨーロッパ遠征に連れていくから準備しておけ。出発は3日後だ」

瀬古さんは、私と渡辺君がユニバーシアード大会でメダルを獲るために、海外のトラックレースを経験させておこうと考え、私たちには内緒で予定を組んでいたようだ。

しかし、私が選考落ちしてしまったため、渡辺君の練習パートナーという名目で遠征メンバーに加えてくれたのだ。

第6章

海の向こうの世界

ユニバーシアード代表の渡辺君の遠征費は、強化費というかたちで学生連合から出ていたようだが、私の遠征費用は瀬古さんがいろいろと工面してくれたようだった。急だったが、海外遠征が決まったことで、私の心に火がついた。

瀬古さんが与えてくれたチャンスを絶対にものにしてやると私は意気込んでいた。練習パートナーとはいえ、渡辺君と一緒のレースでは必ず先着して、ユニバーシアード代表に選ばれなかったことを見返したいという気持ちも強かった。

こうして6月16日から8月1日まで、1カ月半に及ぶヨーロッパ遠征が始まった。

幸か不幸か、大学3年生まで海外遠征に行けなかったこともあり、大学の授業には休むことなく出席していた。そのため、4年目に残っていたのは専門ゼミくらいだった。

通常、こうした海外遠征は、事前に試合をいくつかエントリーして、帰国日程を決めて出発するものだ。

しかし、私の記録は国内ではトップレベルでも、海外では相手にされないレベルだったため、瀬古さんの顔が利く試合や、地方の小さな試合しか事前にエントリーができなかった。

せっかくヨーロッパに行くのに、大きな試合に出られないのはもったいないということで、グランプリ大会が開催されている期間はヨーロッパにいて、出場のチャンスがあればいつでも走れる状態にしておこうということになった。

世界選手権日本代表に選ばれた平塚潤さん（日体大卒業後、エスビー食品）やほかの実業団選手は、2レースほど出場し、2週間程度でみんな帰国していった。私はヨーロッパの国々で彼らを出迎え、そして見送ることになった。

私のヨーロッパ遠征の初戦は、オランダのヘンゲロで行われた10000メートルのレースだった。

5000メートルの通過が14分2秒で、私にとっては最速での通過だったが、先頭とは少し差をつけられていた。

やはり当時の私にとっては速すぎたのか、6000メートルあたりで腹痛を起こしてしまった。最後はかなり苦しかったが、それでも28分28秒の自己ベストで走りきって9位でゴールした。

同じレースを渡辺君も走っていたが、走りが重そうで、29分05秒かかって12位だった。

第6章

海の向こうの世界

「ナベ、なんか太ってないか？」

瀬古さんも気になったようで、すぐに現地で体重計を購入することになった。するると、渡辺君は普段よりも2キログラム近く体重が増えていた。ヨーロッパに来てカロリーの高い食事を摂っていたせいかもしれない。私は食べても太らないほうだったが、渡辺君はその後はかなり食事を我慢していたように思う。

＊

その1週間後には、フィンランドのラッピンラハティという小さな町で行われたミッドサマーゲームという大会に出場した。

〝ミッドサマー〟の名のとおり夏至の頃に開催され、夜10時を過ぎても外は明るいままだった。

宿泊した施設のカーテンがオレンジ色で、寝る時間になっても外が明るいので、部屋の中もオレンジ色に染まって眠る気になれない。

冬の時期は逆で日が出ている時間が短く、外も夜のように暗い時間が多いそうだ。冬でも部屋を明るくするためにオレンジ色のカーテンにしているという。

この大会では1マイル（約1600メートル）のレースに出場した。

5000メートルの日本記録保持者（当時）のカネボウ・高岡寿成さん（現・花王陸上競技部監督）も出場していて、レースでは終始先行されていたが、最後の直線で高岡さんをかわして3位に食い込んだ。

そのときにマークした4分1秒39は当時の学生新記録だった。

渡辺君も、体重が落ちてくると徐々に本来の調子を取り戻してきた。3戦目のデンマーク・オーフス5000メートルでは、からくもラスト勝負で私が競り勝ったが、2人とも自己ベストで、私が4位、渡辺君が5位だった。

ここまで3試合、私はすべて渡辺君よりも先着して、遠征前に立てた〝すべてのレースで渡辺君に勝つ〟という目標は達成できた。

オーフスでの試合を終えると、渡辺君は瀬古さんとともにアメリカ・バッファローへと旅立った。

私は遠征に帯同していたトレーナーと残り、あとからヨーロッパ入りしてきた選手たちと合流して、次の試合に備えた。

次のレースまでは10日間ほど空く予定だった。

そんな折、5日後に行われるノルウェー・オスロでのグランプリ大会「ビスレット

第6章

海の向こうの世界

ゲームズ」の10000メートルに空きが出たという情報が入ってきた。出場予定だった実業団選手が、ケガもあって遠征自体を取りやめたということだった。

アメリカの瀬古さんから、オランダにいた私のところに国際電話がかかってきた。

「花田、グランプリに空きが出たぞ。今、ヨーロッパにいる選手で、お前がいちばん走れているから、推薦しようと思うが、行けるか?」

「もちろん、行けます!」

もともとレースの観戦と応援(平塚さんが5000メートルに出る予定だった)の予定で、レース2日前にオスロ入りすることになっていた。

私は予定していた練習をキャンセルして、試合に向けた調整に入った。

同じチームに世界を目指す
ライバルがいることに感謝する

第6章

海の向こうの世界

この大会はＩＡＡＦ（国際陸上競技連盟、現在のＷＡ〈世界陸連〉）のゴールデンリーグの１つで、現在は世界最高峰のダイヤモンドリーグの１大会にもなっている。私にとっては、世界のトップ選手と走る初めての機会になった。

このレースの４日前にスウェーデン・ストックホルムで行われたグランプリ大会「バウハウス・ガラン（ＤＮガラン）」の１００００メートルで、ケニアのリチャード・チェリモ選手が27分07秒91の世界新記録を樹立していた。

それもあって、ビスレットゲームズの１００００メートルではいよいよ27分の壁が破られるのではないかと話題になっていた。

ヨーロッパでは陸上は人気があるのか、ビスレットゲームズが行われるビスレット・スタディオンは超満員だった。長距離種目以外にも競技が行われていて、好記録が出ると、どこからかウェーブが起こっていた。そして、各種目のスタート前になると、スタンドの歓声も波が引くように小さくなった。

このレースに、日本人では私と旭化成の大崎栄さん（バルセロナオリンピック１００００メートル日本代表）の２名が出場した。２人とも白地に赤のタスキがけで、胸に日の丸が入った、日本代表選手と同じウエアを着てスタートラインに立った。

レースは午後8時45分、北欧特有の明るさが残るなかでスタートした。静かだったスタンドは歓声で徐々に騒がしくなってきた。

人類初の26分台を目指して、スタート直後からまるで5000メートルのレースのような勢いでペースメーカーが飛び出した。その後ろには、26分台を狙っているケニアのヨベス・オンディエキ選手がぴったりとついていた。先頭は5000メートルを13分28秒あたりで通過した。私の5000メートルのベスト記録よりも速い。

私も遠征初戦とほぼ同じ14分02秒くらいで通過したが、初戦よりも余裕があった。そのあとも1周68秒前後のペースをキープしていたが、先頭とは差が開く一方で、とうとう8600メートルあたりでオンディエキ選手に1周抜かれた。

私が譲った1レーンを、オンディエキ選手は腕を抱え込むような腕振りで通り過ぎていく。並んだ瞬間はそれほど速いとは感じなかったので、後ろについていこうとしたが、その差は少しずつ広がっていく。初めて経験した周回遅れに、なんともいえないもどかしさを感じた。その後も、ジリジリと差は開いていって、私はオンディエキ選手のゴールを70メートルほど後方から見ることになった。

26分58秒38。人類が初めて10000メートルで27分の壁を破る瞬間を撮り逃すまいと、ゴール付近には20人近いカメラマンが待機していた。

ゴールの瞬間、スピーカーのボリュームを一気に上げたような、振動まで伝わってくる大きな歓声が上がった。歴史的瞬間を目撃したという喜びもあったが、まだ私には1周残っていた。大幅な自己記録の更新になりそうだと感じていたが、電光掲示板は世界記録の26分58秒で止まっていてわからない。私はトラックのインコースまであふれたカメラマンを避けるかたちで3レーンまで膨らんでラストスパートに入った。

私のゴールタイムは28分11秒60。周回遅れとなったので、順位が良くないだろうと思っていたら、途中棄権した選手も数人いて8位だった。

自己記録を17秒近く更新しただけでなく、瀬古さんに次いで日本学生歴代2位（当時）に相当するタイムだった。記録だけを見れば、よくがんばったと瀬古さんからも褒めてもらえそうだったが、トップから1周遅れという事実は重く感じた。

当時は、ケニアやエチオピアのトップ選手でトラックとマラソンの両方をやる選手はまだいなかった。それもあって、マラソンでは世界記録と日本記録との差はそこまで広がっていなかった。

「トラックでいつでも日本記録を出せるくらいの力がないと、マラソンでも世界で戦えないぞ」

と瀬古さんはよく言っていた。本当にそのとおりだと思った。そのうち、トラックで世界トップレベルの選手がマラソンに挑戦したら、とんでもない記録を出すかもしれない。まだロードでは箱根駅伝、つまりハーフまでの距離しか走っていなかったが、「早くマラソンをやってみたい」という思いに駆られた。

その後も、私はヨーロッパで5000メートルに3レース出場した。5レース目のフィンランド・ヌルミヤビでは、自己新記録で優勝、最終7戦目のベルギーのヘヒテルで行われた「ナイト・オブ・アスレチックス」では、13分28秒73の自己ベストで4位に入った。このタイムも日本学生歴代2位（当時の歴代1位は、高岡寿成さんの13分20秒43で日本記録）で、瀬古さんの学生時代の記録を上回る関東学生新記録だった。

このレースは、直前の男子2マイルで世界新記録が出たため、お祭り騒ぎとなってスタート時間が40分ほど遅れるというアクシデントもあった。

アップを終えて、さあスタートというところから待たされたので、気持ちが何度も切れそうになった。海外では時間どおりに進まないこともあると瀬古さんから聞かされていたので、「辛抱、辛抱」と自分に言い聞かせていた。そんなアクシデントを乗り越えたうえでの結果だったので、記録もさることながら収穫の多いレースになった。

こうして1カ月半にわたった私のヨーロッパ遠征は幕を閉じた。

＊

帰国後は、競技に対する意識が一気に上がった。

２週間後には日本インカレがあり、アメリカ・バッファローのユニバーシアード大会１００００メートルで銀メダルを獲った渡辺君との直接対決が控えていた。

同じチーム内にライバルがいることは本当に幸せなことだ。しかも、いずれ日本を代表する選手になる。その選手に勝てるようになれば、自分も日本代表になれるだろう。そんな思いもあって、自然と練習のレベルは上がっていった。

帰国後は、５０００メートルを想定した２０００メートルや３０００メートルといった練習で、それまでより1周あたり1秒速いペースでやることが当たり前になった。

そして迎えた日本インカレ５０００メートル。渡辺君は、スタート直後から先頭に立つと、ハイペースで飛ばした。亜細亜大学のエチオピアからの留学生、ビズネ・ヤエ・トゥーラ選手を警戒しての作戦かもしれなかった。

２０００メートル通過は5分27秒で、渡辺君についたのはトゥーラ選手と法政大学の礒松大輔選手の2人。私は渡辺君から10メートルほど離れた4番手を走っていた。

3000メートルの通過が8分17秒とペースダウンしたところで、私も先頭集団に追いついた。そこからは互いに牽制し合うかたちとなって、さらにペースは落ち、集団は10人になった。ラスト2周になったとき、渡辺君が突然、私に声をかけてきた。

「花田さん、先に行ってください！」

前半飛ばしたことで、渡辺君もややきつかったのかもしれない。ラスト650メートルあたりで、内側からスパートを仕掛けようと上がってきた選手に、私もすかさず反応してスパートを仕掛けた。そこからは私と渡辺君とのマッチレースになり、ラスト1周の鐘が鳴って、渡辺君が仕掛けた。私は離されまいと彼の背中を追った。

今度はラスト300メートルで私が二度目のスパート。この2段スパートは、ヨーロッパ遠征5戦目で勝ったときに修得したものだった。

5メートル、10メートルと渡辺君は離れていったが、私はいつ彼が追い上げてくるのかが心配で、何度も後ろを振り返りながらトップでゴールした。

5000メートルでは国内のレースで初めて渡辺君に勝利し、私にとって初めての全国大会優勝となった。

第7章

箱根駅伝と母の言葉

目先のことはもちろん、
先を見越した目標設定も大事

第7章
箱根駅伝と母の言葉

後輩の渡辺君の存在が私を大きく成長させた。そこに同期の櫛部君、武井君の2人も加わって、大学4年目の箱根駅伝2区の争いは熾烈を極めた。

当時の早稲田では、「箱根駅伝2区を走る者こそがチームのエース」という暗黙の了解があった。恩師である瀬古さんはもちろん、私と入れ替わりで卒業された池田克美さんも2区で快走を見せて、〝早稲田のエース〟として世間からも認知されていたはずだ。私自身は記憶にないが、渡辺君が言うには、私は4年生になって自信が出てきたのか「箱根の2区は俺が走る！」とよく口に出していたらしい。

私は、長期のヨーロッパ遠征、帰国後すぐに日本インカレ、その1週間後には、海外のトップ選手を招待して行われていたスーパー陸上5000メートルと連戦しすぎたせいか、駅伝シーズンを前に足を痛めてしまった。

そのために5日間、まったく走らない日があった。練習を再開したときには、10月10日の出雲駅伝まで2週間を切っていた。

当時は今のように、「大学駅伝三冠」という意識はなかった。いちばん大事なのは、箱根駅伝で優勝することだった。しかし、前年に初出場し初優勝した全日本大学駅伝も、出るからには連覇したいという気持ちはみんなもっていた。

私は数日間をジョグでつないだあと、1000メートルを3本、1日おいて8000メートルビルドアップ走、そして試合前日に1000メートルを2本やって出雲駅伝になんとか間に合わせた。

このときはめずらしく、出雲入りしてから区間配置を決めるかたちになった。私だけでなく武井君もケガをしており、メンバーからは外れていた。それでも1年後輩の小林正幹君や、全国高校駅伝で1区区間賞を獲って入学してきた1年生の小林雅幸君もいて、戦力は充実していた。しかし、優勝をするにはやや苦しい状況だった。

結局、調子の良い者から順に並べていくことになり、左記のオーダーになった。

1区（6・0キロ）　小林正幹（3年）
2区（7・7キロ）　渡辺康幸（2年）
3区（5・3キロ）　小林雅幸（1年）
4区（5・3キロ）　大関篤史（3年）
5区（7・0キロ）　花田勝彦（4年）
6区（11・3キロ）　櫛部静二（4年）

第7章
箱根駅伝と母の言葉

ライバルである山梨学院大学は、アンカーにステファン・マヤカ選手がくることが予想されていて、なんとかアンカーの櫛部君までに1分は貯金をつくってタスキを渡したいところだった。メンバーが決まると、櫛部君からは、

「花田、頼むよ。差をつけて来てくれよ」

そう言われたが、さすがに練習ができていない状態だったので、私は苦笑いするしかなかった。

レースは、2区の渡辺君、3区の小林雅幸君と連続区間賞でトップに立ち、3位を走っていた山梨学院大学には30秒弱の差をつけていた。しかし、4区で差を詰められて、私に出番がまわってきたときには、その差は20秒に縮まっていた。

私は足の不安もあって、前半は慎重に入り、後半に上げる作戦で臨んだが、思うようにペースが上がらず、区間2位。差をつけるどころか、逆に2秒詰められて18秒差で櫛部君にタスキをつないだ。

この年、後半区間は強い向かい風が吹いていた。

櫛部君も思ったようにペースが上がらず、早い段階で山梨学院大学のマヤカ選手に追いつかれ、最終的には1分以上の差をつけられて、早稲田は2位に終わった。

出雲駅伝は思うように走れなかったものの、レース後に痛みがぶり返すことはなかったので、2日後には25キロジョグをやった。

「試合に向けて調整していくと、練習量も落ちてスタミナの貯金もなくなってしまう。だから試合後は、ロングをしてスタミナの貯金を戻してから休むように」

そう瀬古さんからは教わっていた。早稲田では、試合の翌日か、翌々日に必ず、長い距離を走る練習が入っていた。

ロング走をやっても足に問題はなかったので、それほど休むことなくスピード練習を再開した。4週間後には、連覇のかかる全日本大学駅伝が控えていたからだ。

出雲駅伝前に休んだせいか、連戦の疲れもすっかり抜けて、練習を積むごとに調子が上がっていくようだった。

出雲駅伝の10日後には35キロジョグをやって、翌日にはスピード練習をやった。「セット練習」と呼ばれるもので、疲れた状態で実戦に近いスピード練習をやることで、レース後半の苦しい場面でも粘れるようになるということだった。

こうした練習は、今の学生たちにも課すことがあるが、強度が高いため、しっかり準備をして臨まないとケガや体調不良につながるので注意が必要だ。

第7章

箱根駅伝と母の言葉

実際に、私が大学入学前に参加した合宿でアキレス腱を痛めたのも、準備不足、ケア不足によるものが大きかったと思う。

4年生になって、この頃にはこうした強度の高い練習も普通にこなせるようになるのだから、小学校の恩師、北川先生の言ったとおり、「継続は力なり」である。

＊

全日本大学駅伝まで10日を切った頃、所沢グラウンドでのポイント練習を見にきた瀬古さんから、練習後に「花田、ちょっと来て」と声をかけられた。

「全日本だけど、アンカー行けるか？」

全日本大学駅伝のアンカー8区は、19・7キロと距離が長く、ゴールとなる伊勢神宮前には上りもあって、なかなかタフなコースだ。初出場となった前回大会は、櫛部君が任されたエース区間でもあった。

「はい、やってみたいです」

私は即答した。これで良い走りができれば、箱根駅伝でも2区を走るチャンスがまわってくるかもしれないと思ったからだ。

前回大会の区間賞は山梨学院大学のマヤカ選手で、それまでの区間記録を大幅に更新する区間新記録を打ち立てて、先頭を走っていた櫛部君との差を2分以上詰めていた。今年もまたマヤカ選手がアンカーにくるだろう。

箱根駅伝でも2区で戦うことを考えると、この全日本でも、同等か、それ以上の走りができないと勝負にならない。

目標タイムは、前年にマヤカ選手が出した「57分48秒以内」に設定した。

レースまでに大事なポイント練習はまだ2回あり、そのどちらも単独走で実施し、レースの想定タイムよりもやや速いペースで余裕をもってこなすことができた。

そして迎えた全日本大学駅伝。私は順当に8区出走となったが、マヤカ選手は直前にケガでもしていたのか、最短区間の3区（9・5キロ）にエントリーされており、楽しみにしていた直接対決は実現しなかった。

早稲田は前半から貯金をつくるべく、1区（当時は14・6キロ）に渡辺君を起用。スタート直後からハイペースで入ると、区間新記録（43分02秒）の快走で2位の日本大学に1分近い差をつけてしまった。ライバルと考えていた山梨学院大学とは、この時点ですでに1分47秒もの差があり、勝負あったという感じだった。

早稲田はその後も、2区の櫛部君と4区の小林雅幸君が区間賞を獲得。

第7章

箱根駅伝と母の言葉

3区の小林正幹君も、マヤカ選手に負けはしたものの、従来の区間記録を上回る区間2位の快走を見せた。

そのほかの区間もすべて区間4位以内にまとめて、私がタスキをもらったときには、2位の日本大学に2分39秒もの差がついていた。

これだけの大差であれば無難に走っても追いつかれることはない。だが、私は〝対マヤカ選手〟を想定したラップタイムを刻むことにした。

10キロくらいまでは、手の甲に書いた想定タイムどおりに走れていたが、後半に入って少しずつ遅れてしまった。

それでも、後続との差は開いて、ゴールしたときには4分以上の差になっていた。早稲田は、前年に打ち立てた大会記録を1分以上上回る大会新記録で連覇を達成した。

私のタイムは、マヤカ選手の区間記録には20秒ほど届かなかったが、過去にこの区間を走ったケニア人留学生選手を上回る、歴代2位の記録だった。

これまで同期の武井君、櫛部君、そして2年後輩の渡辺君の後塵を拝していたが、この走りでようやく彼らと肩を並べることができたと感じた。

エースと呼ばれる者は、
その期待と重荷を背負う覚悟が必要

第7章

箱根駅伝と母の言葉

「誰が早稲田の2区を走るのか」

12月に入って箱根駅伝が近づいてくると、練習を見にきたOBやメディアの人たちが話題にしていた。

前年度にケガをしてからあまり調子が良くない武井君を除いて、私と櫛部君、そして渡辺君の3人による〝箱根駅伝2区〟の座を巡る激しい争いは続いていた。

私は慢性的なアキレス腱痛をもっていたため、足に不安があるときは全体のスケジュールから外れて個別で練習を行うことが多かった。そのため、瀬古さんが所沢に来られないときには、エスビー食品が練習をやっている神宮外苑や東宮御所に出向いて練習を見てもらった。

その日も、前日の全体練習時に足の不調を感じたので、1日ずらして神宮外苑を使って1人で20キロ走をやることになった。走り始めると思いのほか調子が良く、58分50秒で走りきった。このタイムには瀬古さんも興奮し、

「これなら箱根駅伝でも2区いけるよ」

そう声をかけてくれた。その情報はすぐにチーム内にも伝わり、櫛部君、渡辺君の耳にも入った。

その1週間後にもチーム全体の20キロのタイムトライアルがあり、今度はそこで櫛部君と渡辺君が試合さながらに競り合って、59分前半のタイムをたたき出した。

あたかもレースのような激しい争いをともなった練習は、12月中旬まで続いた。

この年から箱根駅伝の走者を登録する区間エントリーは、12月10日から12月29日に変更となった。

選手たちの体調を大会直前まで見てからオーダーを組めるので、メリットは大きくなったが、この年の早稲田に限ってはデメリットのほうが大きかったかもしれない。

走者を決するためのハードな練習が例年よりも長く続き、チーム全体に疲れが見え始めていた。私も12月上旬に疲労から体調を崩し、数日間はジョグしかできなかった。大会2週間前の大事な練習はこなせたが、まだしっくりこない感じだった。

それでも、それまでの練習状況から、クリスマスの頃に瀬古さんから、「2区は花田でいく」と告げられた。

全日本大学駅伝の頃の調子なら自信はあったが、12月中旬から予定どおりの練習ができていなかったので、2区に指名されてもうれしさよりも不安のほうが大きかった。

数日悩んだすえに、区間エントリー前日に、瀬古さんに直談判にいった。

第7章

箱根駅伝と母の言葉

「自信がないのでほかの区間に変えてほしいです」

しかし、瀬古さんは譲らなかった。

「今年の早稲田のエースはお前だ。エースが弱気になってどうする。1区は渡辺を使う。全日本と同様に1分半くらいは差をつけてくるから、お前はその差を守ればいい」

しかし、山梨学院大学も箱根駅伝にはきっちりと合わせてくる。いくら渡辺君でもそれほどの差はつけられないのではないか。そう考えていた私は、

「差がついても30秒くらいだと思います。その差では今の僕は抜かれてしまいます」

そう瀬古さんに伝えた。しかし、

「そんなことはないから大丈夫だ。もっと自信をもて」

瀬古さんはそう言って、結局、私の直訴は通らなかった。

蓋を開けてみると、1区の渡辺君は瀬古さんの期待どおりの快走を見せた。前年に櫛部君が打ち立てた区間記録を1分近く上回り、トップでタスキを渡してくれた。

しかし、2位の山梨学院大学に関しては、瀬古さんの予想は大きく外れた。1区を任された井幡政等選手が渡辺君に食い下がり、27秒遅れに踏みとどまったのだ。

「ほら、僕の言ったとおりになったじゃないか」

心の内でそうつぶやきながら、私は憧れの2区を走り始めた。

最初の5キロは想定どおりにいけたが、そこからは思ったようにペースが上がらなかった。27秒あった差はじりじりと詰まって、とうとう10キロ手前でマヤカ選手に追いつかれてしまった。それまで私は1キロ3分よりも少し速いタイムで走っていたが、マヤカ選手と並走し始めると、一気にペースが上がった。

だいたい1キロ7~8秒は速くなった。それくらいのペースであれば練習でも走っていたので、万全な状態ならもう少しはつけただろう。しかし、このときは緊張もしていたのか、2キロほど並走したところで右わき腹が痛くなってきた。

なんとか我慢して走っていたが、痛みは増すばかりでペースを維持できなくなった。2区の難所、権田坂を上りきって下りに入ると、マヤカ選手のペースがさらに上がったのがわかった。しかし、私にはどうすることもできなかった。

「みんな、本当にごめん」

どんどん遠ざかっていくマヤカ選手の背中を見ながら、そんな申し訳ない気持ちでいっぱいになった。そこからは腹痛を解消するために必死だった。一時はマヤカ選手の背中が見えないほど差をつけられて、絶望感に見舞われたこともあった。

これまで走った3区や4区とは違い、2区は沿道に二重三重の人垣ができているところがあって、耳が痛くなるほどの声援を受けた。

20キロ地点を過ぎると、車専用道路となって、急に沿道から人が消えて静かになった。ふと前を見ると、さっきまで小さくしか見えなかったマヤカ選手の背中と、中継車両がはっきりと見えた。

ラスト3キロの上りに入って、マヤカ選手のペースは明らかに落ちていた。その頃には腹痛もやや麻痺して、あまり痛みも感じなくなっていた。私は少しでも差を詰めようと大きく腕を振ってペースを上げた。一時は40秒近く広がっていた山梨学院大学との差は、戸塚中継所では13秒まで縮まった。

マヤカ選手が区間タイ記録で走った一方で、私は1時間8分14秒で区間3位だった。それは早稲田大学の歴代ではもっとも速い2区のタイムだったが、瀬古さんからは区間新記録となる1時間7分30秒が目標と言われていたので、納得できる走りとは言い難かった。私が抜かれたあと、早稲田は一度も先頭に立つことなく、総合2位に終わったという事実も残った。翌日、大手町で櫛部君には、

「花田、よく走ったよ。歴代でいちばん速かったんだから」

と慰められたが、寮に帰ってから録画放送を見ると、「早稲田は、２区で花田のブレーキがありましたので」とコメントされていた。客観的に見れば、途中で腹痛を起こして抜かれたのだから「ブレーキ」と言われて当然だった。

仮に腹痛がなくても、やはり「エース」と呼ばれる選手は、周囲の期待に応えられなければ、「ブレーキ」と言われてもしかたがないのだと、そのときに悟った。

大学卒業後、実業団選手となってからも、調子が悪いときや血尿が出たときでさえも、変えてほしいと直訴しても、「エース区間を走れ」と言われれば、エース区間を走った。

「エース」と称されるのは名誉なことであり、光栄なことだが、それだけの期待と重荷を背負う覚悟が必要だ。

競技者として成長していく過程で、実体験としてそうしたことを学ぶことができたのは幸せだったし、指導者となった今に生きていると感じている。

「箱根駅伝はたかだかハーフ（マラソン）の距離にすぎないよ。将来はマラソンで世界を目指すのだから、箱根駅伝で区間賞を獲って当たり前にならないと、世界じゃ戦えないぞ」

瀬古さんにはつねづねそう言われていた。さらに、こうも言われた。

「多少、調子が合わなくても、箱根駅伝くらいは走れるようにならないとだな」

瀬古さんは学生時代、12月の福岡国際マラソンを走って、モスクワオリンピックのマラソン日本代表を決めていた（ソ連〈当時〉のアフガニスタン侵攻もあり、日本は参加をボイコットして不参加となったが）。楽ではないが、マラソンを走れるスタミナがあれば、ハーフに近い距離の箱根駅伝は、練習くらいの気持ちで走れるということなのだろう。

それが『世界を目指すなら、箱根駅伝は通過点』という所以だ。

私は卒業後、幸運にも二度もオリンピックを経験することができた。その世界の舞台で感じたプレッシャーや大歓声を受けながら走る感覚は、私に箱根駅伝の2区を走った当時のことを思い出させた。そうした経験もあって、指導者となってからは、卒業後も日本代表を目指して競技を続ける選手には、かつて瀬古さんが言ったように、

「箱根駅伝を通過点として乗り越えられなくては、その先には進めない」

そう伝えている。

人間は結局、孤独であることを知っておく

第7章

箱根駅伝と母の言葉

初めて親元を離れて寮生活を送った大学4年間。家族間のコミュニケーションが盛んだった家庭で育った私は、両親には何でも話したし、私が悩んでいるときには両親もまた良き相談相手になってくれた。

だから、花田家にはほとんど隠し事がない。私は人見知りをせずに、たいていの人とはすぐに仲良くなって話をするほうだが、そうした家庭環境で育った影響が大きいかもしれない。

大学1、2年の頃、ケガで走れないときや思うようにいかないときには、母によく電話で愚痴をこぼしていた。心のどこかで、母ならば私に同情を示してくれるのではないかという甘えがあったのかもしれない。でも母は、私のそんな期待をことごとく裏切り、私が想像もしなかった気づきを与えてくれることが多かった。

たとえば、こんなことがあった。

私が早稲田に入学した頃、所沢キャンパスの競技場は、アンツーカーといって土のグラウンドだった。それをオールウェザーのタータン使用のグラウンドに改修する工事があり、一時期使用できないことがあった。

私はケガから復帰の目途が立ち、スパイクを履いて実戦に向けた練習をするために、電車に乗ってオールウェザーの武蔵野競技場に向かった。

瀬古さんからマンツーマンで指導すると言われて早稲田に来たので、当然、瀬古さんが私の練習を見にきてくれるだろうと思いながら、ウォーミングアップを行って待っていた。しかし、スタート時間になっても瀬古さんは現れず、来たのは1年先輩のマネージャーだった。聞くと、瀬古さんは別の場所で行われていた、誰かの練習を見にいっているとのことだった。

「なんだよ、話が違うじゃないか！」

私は腹が立って、その日の練習も想定したタイムでうまくこなせずに終わってしまった。その夜、時間を見つけて、寮から少し離れた公衆電話から、テレホンカードで実家に電話をかけた。出たのは母だった。

「お母さん、瀬古さんはマンツーマンで見るって言ったのに、今日の僕の練習を見にこないで、ほかの選手の練習を見にいったんだよ。ひどいよね。どう思う？」

当然、母も同情してくれるものと思っていたが、母はそんな私に、

「そら、私が瀬古さんでも、あんたの練習は見いひんわ。だってあんたは弱いし、武井君や櫛部君のほうが強いんやし、私が瀬古さんでもそっちの練習を見たいわ」

そんな母の言葉に、私は唖然としてしまった。その後も母は続けた。

「それで、今日はあんたの練習はどうやったの?」

うまく走れなかったことを伝えると、

「そんなんだから、いつまで経っても強くならへんのやんか。そもそも瀬古さんの話を鵜呑みにして、マンツーマンで見てもらえると思ってるのが間違いやわ。今のあんたのレベルやったら、2、3割見てもらえたらええほうや。それしか見てもらえへんのやったらどうするの? 10にするために、あとの7割、8割は自分で努力して埋めるしかしゃーないいん違うの?」

まくし立てる母の言葉はまさしく正論で、私には返す言葉がなかった。

その後も、ケガをしがちで、個別練習が多かった私の練習に、気にはしてくれていても、瀬古さんが来られないことがあった。でも、できるだけ練習に集中して取り組むようになった。

3年生で全日本大学駅伝の1区で区間賞を獲ってからだろうか。全体練習から離れることが減ったのもあるが、たまに個別メニューになっても、『いつやるんだ?』と瀬古さんが聞いてくれて、見にきてくれることが増えた。

4年生のヨーロッパ遠征をきっかけにエースクラスに成長してからは、大事な練習に瀬古さんが所沢に来られないときには、神宮外苑など瀬古さんが見られる場所でやるようにと言われるようになった。私の練習を優先して見てくれるようになったのだ。瀬古さんが8割は見てくれるようになったから、10にするために2割の努力をすればいいのか。そうではない。

見てもらおうが見てもらえなかろうが、これまでと変わらず努力を続けることで、10が15にも16にもなり、周りの想像を超える成長を遂げることができるのだ。

実は、私がGMOインターネットグループをやめて、瀬古さんに誘われて早稲田の練習を見にいったときに、集まった学生たちに最初に話したのがこの話だった。

そのときの早稲田は、前述したとおり、駅伝監督だった相楽君が現場を離れることになり、週末以外は指導者不在のなかで、学生たちは練習を続けていた。私の話を聞いて、それまで伏し目がちだった選手も顔を上げて視線を向けるようになった。

私の隣で話を聞いていた瀬古さんは苦笑いしていたが、選手たちの醸し出す空気感が変わったのを感じたのか、うれしそうでもあった。

*

第7章

箱根駅伝と母の言葉

大学を卒業して、社会人となってからのエピソードも書いておこう。

それは1996年、アトランタオリンピックの日本代表を決める選考会の前だった。この頃から、携帯電話が普及し始めて、社会人になって収入もあった私も割と早いうちから持っていた。

オリンピックを目指して競技中心の生活を送っていると、友達に飲み会や遊びに誘われても、競技優先で考えて断らざるをえないことが多かった。

友達からの誘いで携帯電話が鳴っても、「また今度誘って」と返すことが何回も続くと、やがて誘われなくなってしまう。せっかく持っている携帯電話も、だんだん鳴ることがなくなってきた。そんな折、母に電話で愚痴をこぼしたことがあった。

「お母さん、僕はなんか孤独だよ。誘ってくれる友達もいない」

そんな話をしたら、

「へー、そうなん。でも、私も全然友達いいひんわ」

と、冗談っぽくもなく言い返され、私はびっくりした。母は続けてこう話した。

「勝彦、あんたなあ、所詮、人間は孤独やで。最後に頼れるのは自分だけなんや。あんたはオリンピックのためにがんばってるのと違うの？　人生懸けてんやったら、そら、友達と遊んでる時間なんかないわ。それが嫌やったら、競技もやめたらいいわ。友達もみんな、気を使ってくれてるのと違うか？　みんな、きっと応援してくれてるとお母さんは思うわ」

母からそんな言葉をかけられて、再びがんばろうという気持ちになれた。

その後に行われた日本選手権10000メートルで、高岡さんには競り負けたものの、私は2位になり、オリンピック出場がほぼ確実となった。

するとどうだろう。携帯電話の電源をオンにすると、不在着信やメッセージが何十件も入っていた。自宅の電話の留守番電話にも多くのメッセージがあり、夜には、これまであまり連絡をしたことがなかった人からも電話がきたりした。

「オリンピックに出場すると親戚が増える」などという都市伝説のようなことは耳にしたことがあったが、なるほど、こういうことなのかと妙に納得したものだ。

ほかにも母にまつわるエピソードは数多くあって、今思い返すと笑い話になるようなことも多い。でも、そのどれもが私の人生の節々で指針になっていたと思う。

もちろん、私が人生でいちばん尊敬する父からも、多くの言葉をかけてもらっているので、それもこのあとで紹介するつもりだ。

第8章

オリンピックへの道

目標とするライフイベントに合わせて人生を設計する

第8章

オリンピックへの道

私たち〝三羽烏〟は、早稲田大学を卒業すると、そのまま瀬古さんが監督を務めるエスビー食品（以下、エスビー）に就職し、引き続き瀬古さんの指導を受けることになった。

エスビーの陸上部は、2013年3月末に廃部となり、実業団陸上からは撤退したので、若い世代のなかには知らない人も多いかもしれない。

エスビーには、早稲田OBでは、瀬古さんをはじめ、前出の金井豊さんや、遠藤司さん（ソウルオリンピック10000メートル代表）。

ほかの大学出身者では、新宅雅也さん（日本体育大学出身でロサンゼルスオリンピック10000メートル、ソウルオリンピックマラソン代表）、中村孝生さん（日本体育大学出身でモスクワオリンピック5000メートル代表）など、多くの日本代表ランナーを輩出している。

瀬古さんが恩師である中村清先生のあとを引き継いで監督となってからも、私と渡辺康幸君（アトランタオリンピック10000メートル代表）、国近友昭君（アテネオリンピックマラソン代表）が、オリンピックの日本代表に選出された。

瀬古さんは私たち3人のエスビー入りが決まると、早稲田大学競走部の指導を、すでに瀬古さんの下でコーチをされていた遠藤さんに引き継いだ。

すでに入社していた日本体育大学出身の平塚潤先輩など、他大学のエースクラスの選手たちと、私たち3人の指導に専念するためだ。

アトランタオリンピックは、2年後に迫っていた。

そこにエスビーからなんとしても代表選手を出したい。私たちの加入でエスビーは選手が9名になり、瀬古監督、中村孝生コーチのもとで、世界を目指すトレーニングがスタートした。

早稲田に勧誘された際に、練習を積んで3年ごとにステップアップする育成プランを瀬古さんから言われたことは書いたが、年単位の話では、次のようなことも最初の頃からよく言われていた。

「オリンピックに出たいなら、オリンピアード（4年周期）で人生設計をしなさい」

オリンピックは4年に一度しか開催されないため、マラソンでいうと、代表選考会が行われる前年の冬からその年の春にかけて一度目のピークをもってくる。そして、本番でさらに高いピークをつくらなくてはならない。

そう考えると、つねに4年を意識して生活を考えていないとダメだということだった。

大学入学当初は非常に弱かった私も、瀬古さんから言われてオリンピアードはつねに意識して生活していた。

1992年、私が大学3年生の夏にバルセロナオリンピックが開催された。

当時は、私はまだ学生のトップレベルに入ろうとしている段階だった。その頃は、次の4年間で日本代表レベルに到達できるとは思えなかったが、大学4年時の急成長もあって、エスビー入社時にはアトランタオリンピック出場を真剣に考えるようになっていた。

大学時代に経験した海外遠征では、帯同したエスビー陸上部の木村清一マネージャーに通訳を頼りっぱなしだったので、アトランタではそうならないようにと、英会話教室にも通い始めた。

エスビーでは、競技を優先するため週1回、報告書を出しにいくだけで業務は免除されていた。

私たちはいわゆる、「走る広告塔」としての活躍を期待されており、そういう意味でもオリンピック出場はマストだと強く感じていた。

会社の名前を宣伝するという意味では、元日に行われるニューイヤー駅伝の出場も期待されていた。

三羽烏3名が加入したことで人数も満たしたため、翌年のニューイヤー駅伝に再び参戦することも決まっていた。

瀬古さんが現役選手だった頃にも、中村先生は個別指導を最優先されていたため、人数は少なかったが、エスビーは出場ギリギリの人数がそろったときに、4回だけニューイヤー駅伝に出場していた。

その4回とも優勝していたので、伝説のチームの再参戦ということになり、それなりに話題になっていた。

しかし、大学4年間で経験した箱根駅伝ほどの盛り上がりではなかった。

私もエスビーの選手として、ニューイヤー駅伝に5回出走した。

現在とは区間割が異なるが、任された区間は、前半のスピード区間でエースがそろう3区が3回と、強烈な向かい風〝赤城おろし〟が吹くことがある最長区間の6区が2回だった。

3区では区間賞2回と区間2位、6区も区間賞と区間3位で、それなりにチームに貢献する走りはできた。

だが、総合2位が最高で、チームは一度も優勝することができなかった。

ほかにも社会貢献活動として、会社が地域のスーパーマーケットと協力して開催していた、「エスビーちびっこマラソン」の全国大会の手伝いもやっていた。

実は、この大会に出場した小学生からは、その後に箱根駅伝でも活躍する選手が多く育っている。

のちに、早稲田大学の後輩になり、学生時代に北京オリンピック10000メートル代表にもなった竹澤健介君もその1人だ。

彼はちびっこマラソンの際、私たちの2年後にエスビーに入社した憧れの渡辺康幸君に会えて、記念写真を撮ったそうだ。

2人はその後、早稲田で師弟関係となるのだから、人の縁というのはおもしろい。

生きているだけでも幸せ。好きな競技に打ち込めることに感謝する

第8章 オリンピックへの道

2年後のアトランタオリンピックに出る前に、まずは日本代表を経験しておかなければならないということで、入社した年に行われる広島アジア競技大会を日指すことになった。代表選考レースは、やはり6月の日本選手権だった。

私は5000メートルと10000メートルの2種目に出場した。初日に行われた10000メートルは8位に終わったが、翌日の5000メートルでは優勝することができた。

エスビーからは、10000メートル3位（日本人2位）となった平塚さんと、私の2名がアジア競技大会の日本代表に選出された。これが初の日本代表となった。

＊

翌1995年には、スウェーデンのイェーテボリで世界陸上選手権があり、10000メートルで代表入りを狙った。

私は世界選手権に出場するための参加標準記録を突破していなかったため、日本選手権の2週間前にあった記録突破挑戦記録会に出場した。

その年は春から調子が悪かった。

2月に別府大分毎日マラソンで初マラソンに挑戦したが失敗。その1カ月後のびわ湖毎日マラソンにも強行出場したが、それも失敗してマラソンでは苦戦していた。

それもあって、10000メートルで日本代表になろうと必死だった。

調子は悪かったが、正確に刻む外国人ペースメーカーのおかげもあり、その挑戦記録会では私1人だけ世界選手権参加標準を突破することができた。

しかし、そこで力を使いきった面もあり、2週間後の日本選手権では14位に終わった。そのレースでは、早稲田の3年生だった渡辺君が、自身初の27分台で3位となり日本代表入りを決めていた。

ライバルの快走と、自分の不甲斐なさにレース後は随分と落ち込んだ。

「神戸の三村さんのところに行って、別注のシューズをつくるために足型を取ってもらって、そのついでに、美味しいものでも食わせてもらってこい」

瀬古さんからそう言われて、数日の練習休みをもらって私は神戸に向かった。

三村仁司さんは、高校時代の私を瀬古さんに推薦してくれた恩人であり、凄腕のシューズ職人だ。マラソンを走るようになってからは、私も三村さんに自分の足型にあったシューズをつくってもらっていた。三村さんに会うと、やはり愚痴が先行し、

「僕はここいちばんで弱いし、ダメだ」

第8章 オリンピックへの道

「もう死んだほうがマシだ」

などと言ったりもした。普段ならば、強烈な関西弁の冗談で返してくれる三村さんも、このときは真顔になって、こう言った。

「お前、明日、神戸の街をいっぺん見てきたらええわ」

1995年といえば、1月に阪神・淡路大震災が起こった年だ。

震源に近い神戸は大きな被害を受けていた。三村さんに言われるがまま、神戸の市街地に足を運ぶと、震災から5カ月が経ったというのに、ビルが倒壊したままの状態で、生々しい震災の傷跡が残っていた。

「もうすごいぎょうさんの人がこの震災で亡くなったんやぞ。みんな、まだまだ生きたかったたと思うわ。お前は美味しいもの食べられて、好きな競技やらせてもらって、幸せやと思わなあかんわ。そんな簡単にダメやとか死ぬとか言うたらあかん」

神戸の街並みを目の当たりにしたあと、夕食に美味しいお寿司をご馳走になりながら、三村さんにそう諭されて、自分が恥ずかしくなった。

三村さんは、翌日にも美味しい肉をご馳走してくれた。心も体も癒やされた私は、元気を取り戻して東京に帰った。

自分が真剣に取り組まなければ
結果が出なくて困るのは自分自身

第8章
オリンピックへの道

直後に行ったヨーロッパ遠征は今一つの成績だったが、帰国後は再度、マラソンで挑戦するためのハードな練習に入った。

私はスピード練習を得意としていたが、ロングジョグや距離走は苦手で、それがマラソンでの後半の失速につながっていた。その弱点を克服しようと、瀬古さんは私に猛練習を課した。

それまではロングは最高でも40キロまでしか走ったことがなかったが、私とともに12月の福岡国際マラソンを予定していた平塚先輩や櫛部君と一緒に60キロ走を行った。合宿期間中にはハーフマラソンに出場し、ゴールしたあとにもう一度コースを戻って帰ってくる「フルマラソン」練習をしたり、1000メートル×30本といった練習をやったりもした（私は16本で棄権したが）。その後も50キロ走やレースペースでの1000メートル×20本などもあったが、どれも私はうまくこなせなかった。

その原因の1つが、平塚さんや櫛部君と一緒に練習をすることにあった。

それまで私は、ケガもあって、自分のペースで練習をさせてもらうことが多かった。大学4年生になって強くなってからも、合宿以外は同じメニューでも単独で練習を行うことが多かった。

しかし、練習量の多いマラソン練習は1人でやるのは大変なので、みんなで協力し合うほうがいいだろうということで、3人で一緒にやることになった。それが私にはストレスだった。私は苦手な距離走の練習になると、2人から遅れてしまったり、途中でやめてしまったりすることもあった。

2日押しのセット練習となると、2日目にはスピード練習が入ってくる。それは得意なので、前日の分まで取り戻そうとがんばった。そうすると、設定されていたペースより上がってしまい、最後は競走のようになることもあった。

平塚さんや櫛部君にしてみれば、前日にしっかり距離を踏んで疲労もあるので、スピード練習は余裕をもって終わりたいのに、私はそのペースを乱してしまっていた。

2人は私が暴走しても遅れることはなかったが、練習後に平塚さんから、

「そんなに元気なら、昨日の距離走をちゃんとやったほうがいい」

そう注意されることもあった。わかってはいるが、そんなにすぐには苦手な距離走を克服できるはずもなく、夏合宿が終わる9月中旬までは、そんな状態が続いた。

無理がたたったのか、臀部と腰を痛めてしまい、軽いジョグしかできない日が続いた。このままでは、次のマラソンも失敗に終わってしまう。

そんな危機感のもと、私はまたも瀬古さんに直訴に行き、

「ここから福岡国際マラソンまでは、練習は1人でやらせてほしい。2人にもこれ以上、迷惑をかけたくないです」

そう申し出た。意外にも、瀬古さんはそれを受け入れてくれた。

「その代わり、1人でやる練習は大変だよ。これからは本当に自分のために真剣に練習をやらないと、結果が出なくて困るのは自分だぞ」

とだけ言われた。大学4年時にあれだけ自主的に練習をやっていたのに、ここ最近は身が入っていないことに瀬古さんも気づいていたようだ。

瀬古さんのご自宅でそうした話をしていたら、瀬古さんの奥様の美恵さんが、

「花ちゃん、腰が痛いんだったら、私が通っている中国気功に行ってみたら？」

と声をかけてくれた。マッサージは受けていたが、思わしくなかったので、藁にもすがる思いだった私は、紹介された中国気功を受けてみることにした。

そこでお会いした先生は、治療をしながら私の話を静かに聞いてくださった。

先生が言うには、腰痛はストレスからくるものもあるとのことで、胃の働きも落ちているとも指摘された。また、ただ治療しているだけでは良くならないので、よけれ

ば指導してあげるから、気功のトレーニングに来なさいとも言われた。

治療の効果を感じた私は、それから週1回、治療とトレーニングに通うことにした。

気功のトレーニングを始めてみると、先生が手本で行う簡単な屈伸運動すら、私はまともにできなかった。

呼吸が浅いのもすぐに疲れる原因のようで、独特の腹式呼吸法を教えていただいた。

その成果は、意外にもすぐに表れた。練習を再開して2週間後、練習の一環で出場したハーフマラソンで、平塚さんや櫛部君に先着して優勝してしまったのだ。

その勢いのまま、2人とは少し日程をずらして行った40キロタイムトライアルでは、想定を上回る2時間9分38秒で走ることができた。そのまま、あと2キロちょっと走っていたら、マラソンの自己ベストを上回ることになる。これには瀬古さんも、

「この調子で練習を積んでいけば、福岡でも勝負できるぞ」

そう喜んでいた。

1人で練習を始めると、周りを気にせず集中して練習がやれるからか、苦手なセット練習もこなせるようになってきた。瀬古さんが現役時代にやっていたという〝三日押し〟と呼ばれる練習にもチャレンジした。

1日目：皇居50キロ走（3時間15分19秒）
2日目：1000メートル×10本（2分54秒～2分39秒）
3日目：皇居30キロ走（1時間37分41秒）

この3日間の練習をこなすことができた。その1週間後には、20キロレースに出場して59分10秒で優勝。その5日後には、また40キロのタイムトライアルを行ったが、レース本番を想定して後半ペースアップする内容で、2時間6分31秒で走りきった。

これなら最低でも福岡国際マラソンでは自己ベストを出せるし、日本代表争いにも加われるかもしれないという自信が出てきた。そしてその福岡では、自己ベストを大きく更新する2時間10分39秒で6位（日本人3位）になった。

しかし、マラソンではアトランタオリンピック代表に選ばれることはなかった。

ただ、この1年で瀬古さんが目指していたトレーニングはある程度はできるようになっていたし、トラック種目ではいつでも日本トップレベルで戦える力がついていた。

オリンピック選考レースとなった1996年の日本選手権10000メートルは、

激しいレースになった。

優勝は高岡寿成さん（当時、カネボウ）で私が2位、その年にエスビーに入社した渡辺君が3位となり、この3人がアトランタオリンピック日本代表に選出された。

小さい頃の夢だったオリンピック出場が、とうとう現実のものになったのだ。

＊

アトランタオリンピックの10000メートル予選は、現地時間の7月26日の夜に行われた。

ほかのことはよく覚えているのに、不思議なことにこのレースのことだけはあまり記憶にない。その日、センテニアル・オリンピック・スタジアムは7万5000人もの観客でほぼ満員だった。

私が予選を走っている同時刻に砲丸投げの決勝が行われていて、そこには地元、アメリカのランディー・バーンズ選手が出場していたからだ。

夜とはいえ、夏のアトランタは10000メートルを走るには、それほど涼しくなかった。私は、5000メートルも行かないうちに先頭集団から遅れたのではないだろうか。記憶に鮮明に残っているのは、自分が走るトラックの反対側を走る先頭集団の様子と、バーンズ選手が優勝を決めた投てきをした際に、地響きがするような大歓声が上がったことだけだ。大げさに思えるかもしれないが、「ウォワァッー！」というものすごい歓声とともに、「ボンッ！」と一瞬地面が弾んだ気がした。

私はまだ走っていたが、驚いたのもあって少しよろめいてしまった。フィールド内を見ると、バーンズ選手が両こぶしを振り上げて歓声に応えていた。そんなことはよく覚えているのに、肝心のレースのことは思い出せない。

初めての大舞台で極度に緊張したまま、私のアトランタオリンピックはあっという間に終わった。

アトランタオリンピックで惨敗したあと、私も瀬古さんも翌年のアテネ世界陸上選手権のマラソン日本代表権を勝ち取ろうと必死だった。

12月初めの40キロタイムトライアルを2時間6分31秒で走った5日後、東宮御所で60キロジョグ。2日空けてセット練習をやって、また数日おいて20キロタイムトライアルとビルドアップ走をやる。当時はそれでも練習が足りないと感じていた。

私は研究熱心なほうだったので、瀬古さんにお願いして、瀬古さんの現役時代のレースのビデオや練習日誌を見せてもらっていた。全盛期の練習は、3日押しが当たり前で、距離走も最高で1回80キロ近い距離を走ったこともあったそうだ。

そんな瀬古さんの〝すごい〟を通り越した、〝恐ろしい〟練習を知っていたので、世界一になるためにはまだまだ練習が足りないと感じていた。

しかし、さすがに疲れが出てきて、クリスマスの時期に再度行った40キロタイムトライアルは中盤からペースが上がらず、30キロでリタイアした。

体に力が入らず、頭もクラクラした。翌日、病院で診てもらって症状は少し落ち着いたが、ニューイヤー駅伝まで1週間を切っていた。

この年、1997年は3区を走ることになったが、エスビーは1区で大きく出遅れて、私がタスキをもらったときは16位だった。

駅伝をないがしろにしていたわけではないが、みんなそれぞれ個人のレースに向けたハードな練習をこなしていて、疲労があったのかもしれない。私が区間賞の走りで13人を抜いて4位まで順位を上げると、続く4区の武井君も3人を抜いて先頭に立った。

だがこの年はアンカー勝負で旭化成に競り負けて、わずか3秒差の2位に終わった。

ニューイヤー駅伝前に練習が抜け落ちたこともあって、1月2日はテレビで箱根駅伝の往路を見たあと、東宮御所で35キロジョグをやった。

その後、1月中旬に右くるぶしや持病の右アキレス腱に痛みが出て、予定していた2月の東京国際マラソンは欠場することになった。

痛みはあったが、世界選手権をあきらめるわけにはいかなかったので、軽めの練習は続けていた。1週間もすると、少し痛みも引いてきたのでスピード練習をやってみた。終わったあとも痛みはなく、1カ月後のびわ湖毎日マラソンで代表権を狙おうということになった。

調子は悪くなかったが、2月から3月にスライドしてきた影響もあって、少し間に合わせ的なところもあった。結果は5位（日本人2位）で、記録は2時間10分02秒。サブテンには2秒届かなかった。ゴール1キロ手前のところで、沿道で応援していた中村コーチから、「花田、サブテンいけるぞ！」と大きな声で知らされたが、後ろを振り向くと後続とはかなり差があった。

すでに日本人2位は確定的で、このままゴールをすれば代表選出も確実だった。

「目標だった代表権獲得は確実だし、記録はまた今度でいいじゃないか」

40キロを走ってきた疲労もあって、そんな心のささやきに私は負けてしまった。

このときに代表権を勝ち取ったアテネ世界陸上選手権を含めて、その後も6回、合計で10回マラソンを走ったが、このときのびわ湖の記録が生涯ベスト記録となった。

＊

2000年のシドニーオリンピックも、本当はマラソンで代表権獲得を目指していた。しかし、うまくはいかなかった。

アトランタオリンピックで日本男子マラソンは惨敗だった（日本人最高は旭化成・谷口浩美さんの19位）。

そんな日本男子マラソンを立て直すためのプロジェクトとして、1997年夏から「マラソン男子・ナショナルチーム合宿」が行われるようになった。

各実業団でそれぞれの選手強化にあたっていたが、成果が上がらないので、年に何回か合同で合宿して強化しようという試みだった。

ナショナルチームのヘッドコーチは、当時、旭化成の監督だった宗茂さんが務めた。

宗茂さんは双子の兄で、弟の宗猛さんと合わせて「宗兄弟」といえば、日本マラソン界で知らない人はいないないレジェンドだ。

茂さん、猛さんとは、指導者になってからお酒をご一緒させてもらったことがあるし、茂さんには私が上武大学で監督をやっていたときに、チームの合宿に来ていただいて、選手たちに講話をお願いしたこともある。そんな茂さんのことはもちろん尊敬しているが、実際に指導を受けるとなると話は違ってくる。

エスビーの選手たちは、ナショナルチーム合宿参加に激しく反発した。エスビーでも個別で練習をやっていた私の場合、どう考えてもうまくいくとは思えなかった。

「僕たちは瀬古さんに憧れて、その指導を受けたくてエスビーに入ったんです。だからナショナルチーム合宿に行って、ほかの指導者のメニューで練習をしたくないです」

チームのキャプテンだった平塚さんと私で、瀬古さんに思いを伝えたが、受け入れてはもらえなかった。

指導者となった今、私も日本陸上競技連盟の強化スタッフに入って、日本チームの強化について議論に参加している。

それぞれのチームでの強化も大切だが、日本チームとしてどうするかということも考えなくてはならない。今になってみれば、当時の瀬古さんの苦しみが理解できる。

ナショナルチーム合宿には私たちも渋々参加したが、ネガティブな気持ちで練習していたせいか、成果が上がらなかった。逆にケガをしたり、体調を崩したりしたことで、瀬古さんと私を含めた選手たちとの関係性も悪化していった。

瀬古さんは何とかチームを立て直そうと、ナショナルチーム合宿で知り得た他チームのトレーニング方法などをエスビーでも試したりしていた。それがまた、われわれ選手たちとの溝を深めることになり、より悪循環の結果となってしまった。

私はアテネ世界陸上選手権のマラソン日本代表にはなったものの、それ以降のマラソンでは結果を残せずにいた。

他チームから仕入れた新たなトレーニング方法も加わり、それまでは月間800キロ程度だった私の走行距離は、とうとう1000キロを超えた。瀬古さんは現役時代、月間1300キロも走ったことがあると知っていたので、1000キロなどたいしたことはないとわかっていた。

でも、ケガが多かった私は、自分なりに工夫してここまで強くなってきたという自負もあった。

「僕は瀬古さんみたいに一流ではないし、丈夫でもない。二流の選手なので、少し加減してほしい」

自分なりに謙遜して言ったつもりだったが、何かにつけて直訴にきて、練習から逃げる私に、瀬古さんも頭にきたのかもしれない。

「そんなことを言っているから、いつまで経っても一流になれないんだ。今のお前は二流以下だ」

と厳しい言葉を投げかけられた。前述したとおり、私にとって瀬古さんは東京の父のような存在だった。だから、親子のように仲が良いときもあれば、愛情の裏返しというべきか、周りも驚くくらい激しくぶつかることもあった。

このときも、周りが止めに入るほどの大喧嘩となった。

「親の心、子知らず」とはよく言ったもので、私も指導者となり、また、結婚して子どもができて親になって、ようやくそのときの瀬古さんの気持ちがわかるようになった。今も瀬古さんと当時の話になることがあるが、

「本当にあのときは申し訳ありませんでした」

と毎回のように謝っている。

しかし、このときはそんなことは理解できるはずもなかった。これ以上話をしても無理だという気持ちがあったうえに、練習をやりたくてもアキレス腱の痛みが慢性化していたので、精密検査を受けたいと伝えて、数日間の休みをもらった。

病院でＭＲＩ検査を受けると、アキレス腱が内出血しており、絶対安静が必要で、歩くこともできるだけ控えるように言われた。

そう言われてショックは受けたが、内心、ほっとした面もあった。これでしばらく走らなくてもいいし、休ませてもらえると思ったからだ。

２週間ほどは出かけることもほとんどなく、安静にしていたことで、左に比べて肥厚して倍ほどの太さになっていた右アキレス腱も、少し細くなって痛みもなくなってきた。それで試しに走ってみたら、またすぐに痛みがぶり返し、あっという間に元の太さに戻ってしまった。そんなことの繰り返しで、結局、３カ月間はほとんど走れなかった。

当初、エスビーでシドニーオリンピックを狙うメンバーは、12月の福岡国際マラソンで代表を狙おうと話していた。

しかし、私はジョグもまともにできない状況で、スタートラインにすら立てなかった。結局、ほかのメンバーもうまくいかず、エスビーからマラソンでオリンピック代表を出すのは現実的に厳しい状況となった。

瀬古さんとの関係はギクシャクしたままで、大喧嘩をした１９９９年9月以降は、

第8章
オリンピックへの道

あまり目も合わせず、会話もほとんどなかった。

もちろん、チームで集合し、顔を合わせた際に挨拶はしていたが、それもどこか他人行儀だった。

このままでいいのだろうかと葛藤を抱えつつも、私も意固地になっていた。

険悪なムードが3カ月は続いたが、あることがきっかけで雪解けを迎える。

それは大学の後輩の小林雅幸君の結婚披露宴でのことだった。

お手洗いで瀬古さんと隣り合わせ、一瞬気まずい空気が流れたが、瀬古さんのほうから話しかけてくれた。

「いつまでこうやって話をしないつもりだ？　こんな喧嘩をしていてもしかたないし、何にもならないぞ。お前だって、シドニーに行きたいんだろう？　そのためには協力してやっていかないと無理だぞ」

たしかに、マラソンではシドニーオリンピックの道が途絶えたが、トラック種目では出場するチャンスはまだ残されていた。

「もちろん、僕も行きたいです」

瀬古さんから切り出してくれたおかげで、ようやく私も素直になれた。

自分にできる最大限の努力をして
それで負けたら相手を素直に讃える

第8章

オリンピックへの道

年が明けてから、慎重に慎重を重ねて練習を再開した。

大学1、2年生の頃に戻ったように、足に不安があれば練習を延期したり、内容を変えたりするなど、瀬古さんともつねに相談をしながら進めた。

それでもやはり3カ月のブランクは大きかった。

シドニーオリンピックの10000メートル代表選考は、前年の活躍が評価されて、高岡さんがすでに内定していた。

残りは、例年のように6月の日本選手権ではなく、春のサーキット大会の結果を見て選考するかたちになっていた。そのなかでも、トップ選手が多く出場する4月の兵庫リレーカーニバルが実質的な選考レースと目されていた。

しかし、私はその1カ月前になっても、本来の8割くらいの練習しかできていなかった。練習強度を上げたいが、がんばりすぎると、たまにアキレス腱に痛みが出ることもあり、無理が利かない状況だった。

選考レースの2週間前に記録会で5000メートルを走ったが、選考会で想定している5000メートル通過のタイムよりも遅かった。

ここまでがんばってきたが、もう無理だとややあきらめムードになっていた。

その頃には妻と交際していたが、彼女がせっかく電話をかけてくれたのに、私が「もうダメだ」とか愚痴ばかり言うので、電話を切る頃には彼女まで落ち込んで、泣いてしまうこともあった。

それでも、また翌日には電話をかけて、私の愚痴を聞いてくれた。

気分転換でもしたほうがいいということになって、大学時代によく通ってお世話になっていた、広島風お好み焼き店（所沢キャンパスの最寄りの小手指駅近くにあった）に、彼女と出かけることにした。

私は人見知りせずにすぐに打ち解ける性格なので、そのお店のご夫婦とも、大学1年生で初めて来店したときに打ち解けて、常連客になっていた。

社会人になってからは足が遠のいていたが、店に入るなり、

「まあ、花田君！　久しぶりね。元気にしてたー？」

と声をかけてくれた。瀬古さんと大喧嘩したことや、ケガで3カ月間走れなかったこと、もうすぐ選考会があるのに走れる自信がないことなど、私は堰を切ったように話し始めた。

「花田君は、学生の頃もいっつもそんなことばっかり言ってたねー」

奥さんは、いつものように、カウンター前の大きな鉄板で調理をしながら、私に優しく話しかけてくれた。

ほかのお客さんがいない時間帯に訪ねたので、ご主人も、私たちの並びのカウンター席に座って、生ビールを飲みながらニコニコと話を聞いていた。

「これでも食べて、元気だしな！　大丈夫だよ、花田君ならきっと走れるよ‼」

奥さんの声に重ねて、ご主人も、「自信もってやりな」と励ましてくれた。

私は初心に返ったような気持ちになった。久しぶりに食べた広島風お好み焼きは、格別に美味しくて元気も出てきた。

＊

兵庫リレーカーニバルの会場である、ユニバー記念競技場の控室でスタートを待つ間、私が考えていたことはとてもシンプルだった。

「今できる最大限の走りをしよう。それでもしダメだったら、相手のはうが自分よりも努力をしていたということだから、素直に相手を讃えよう」

当時の10000メートルの自己記録は27分50秒46だった。

しかし、直前の試合結果や練習の消化具合を考えると、せいぜい28分10秒で走ることが精一杯だと判断した。

レースは、速いペースで飛ばす外国人選手についていく選手もいたが、私は第2集団でじっと我慢して走り続けた。

7000メートルを過ぎたあたりで、少しきつくなってペースが落ちたときに、後ろから上がってくる選手がいた。旭化成の佐藤信之君（現・亜細亜大学監督）だった。彼は中央大学時代にエースとして箱根駅伝でも活躍し、ナショナルチーム合宿参加が契機となって急成長した選手だった。

前年度の世界選手権にはマラソンで出場して銅メダルを獲得し、シドニーオリンピックのマラソン代表に内定していた。

絶対に負けられないと思った。それで、先行する佐藤君に食らいついて、一緒に前を追った。

ラスト1000メートルで、日本人の先頭集団は私を含めた4人に絞られた。

4人のなかには、レース前からマークしていた永田宏一郎君（鹿屋体育大学）がいた。

地方の大学ながら出雲大学駅伝で区間賞を獲得しており、トラックレースでも記録を伸ばしていた。

ラスト勝負になると負けるかもしれないと警戒していた選手だった。ラスト1周の鐘が鳴ったが、まだ駆け引きは続いていた。

私はそこで呼吸を整えて、ラスト300メートルで渾身のスパートを仕掛けた。意表を突かれたのか、その瞬間、3人との差が開いて、永田君とも数メートルの差がついた。

翌月の陸上雑誌に永田君のコメントが出ていたが、彼は私が仕掛けるのはラスト200メートルだと思っていたらしい。

そのまま、差は詰まることなく、私は日本人トップの総合4位でゴールした。

そのタイムは28分10秒11で、オリンピック参加標準記録に0・11秒届いていなかったが、前年度に出していた27分台の記録が有効期限内であったため、私はなんとか日本代表に滑り込むことができた。

運は平等。だから向いてきた運に気づいて、つかみ取ることが大切こうして、私は二度目となるオリンピック出場を果たした。

瀬古さんに出会い、マラソンでオリンピックを目指してきたが、残念ながらそれは叶わなかった。しかし、瀬古さんがいつも言っていた、

「トラックでも日本トップレベルじゃないとマラソンで勝負できない」

この教えを信じて取り組んできたからこそ、トラック種目ではオリンピックに出場することができたのだ。

オリンピックに出場するためには、もちろん実力がないと難しいが、運も必要ではないかと、現役の終わりに近い時期になってよく思うようになった。

よく〝運が良い・悪い〟という話を聞くが、実は運は誰にも平等にあって、運が良いといわれる人は、「運に気づいて、それをつかむことが上手な人」なのではないかと私は考えている。

たとえば、運はとても小さな球体で、ものすごい速さで自分の周りを四方八方に飛び回っているとしよう。

目の前を通り過ぎたときに気づいて、うまくキャッチできればよいが、必ず目の前を通るとは限らなくて、足下のあたりを通るかもしれないし、ひょっとしたら自分の

後ろを行き来しているかもしれない。

そうなると、まずは自分の運がどのあたりにあるのか、見つけることが先決だ。

そのためには前ばかり見ているのではなく、あちこち見たり振り向いたりする必要がある。

つまり「視野を広げる」作業が必要になる。運を見つけて、その軌道を知ることができれば、その軌道の先に手を伸ばしてキャッチできる可能性が高まるはずだ。

抽象的な表現になってしまったが、「視野を広げる」ためのいちばん身近な方法は、いろんなジャンルや分野の本を読むことだ。

そこから「運を見つける」、つまりは成功するためのヒントを見つけることができるかもしれない。

読書に限らず、テレビの特集番組からもヒントをもらうことがあるかもしれない。

私は、NHKの「プロジェクトX」やTBS系列の「情熱大陸」といったドキュメンタリー番組が好きで、成功者のプロセスを知ることでヒントや刺激をもらっていた。

自分の周りにある運を見つけたら、あとはそれをつかみとるだけだ。そのためには、目標とする大会に向けて、しっかりと準備をし、その成果を試合で発揮することが重要になってくる。

「普段の練習では試合のように集中して、逆に試合では練習のように気持ちに余裕をもって走ればいい」

レース本番で力を出しきれないことが多かった私に、瀬古さんはこんなことをよく言っていた。

瀬古さんはレース本番に強い選手だった。

マラソンの戦績は15戦10勝と、圧倒的な強さを発揮していた。なぜそんなに強かったのか、私が聞くと、

「そりゃあ、普段から120パーセントの準備と練習をしていたから。だから、試合では8割5分の力で勝てた。試合のほうが練習より楽だった」

そう言っていた。

子どもの頃、福岡国際マラソンで、瀬古さんがタンザニアのジュマ・イカンガー選手をラスト100メートルで抜き去って優勝したレースをテレビで見た。

そのときのラスト100メートルは11秒台だったともいわれている。余裕があったからこそのスパートだったに違いない。

この「120パーセントの準備」の話は、私なりに解釈して、指導者となった今、学生たちにもよく話している。

「大事な試合に向けて120パーセントの予測と準備をして、レースでは85パーセントの力を出せれば上出来くらいの気持ちでいい。残り15パーセントくらいは気持ちに余裕をもって臨もう」

予測とは、どんな相手が出てくるのか、どんな作戦でくるのか、天気は暑いのか、季節外れの雪が降るのかなど、あらゆるケースを想定することである。

そして、それに備えた準備をする。少し荷物にはなるが、暑くてもウィンドブレーカーを持っていくなど万が一に備えておけば、試合会場であたふたすることは絶対ないだろう。

そこまでやりきったら、あとは心に余裕をもって、楽しんで走ればよいと選手たちには伝えている。

計算式にすると、120×85%=102
つまり、100パーセントを超える数字となる。ややこじつけに聞こえるかもしれないが、私が上武大学駅伝部監督時代、箱根駅伝初出場を決めた予選会では、この言葉を選手たちにかけて送り出した。

「君たちはこのレースに向けて120パーセントの努力をしてきたから、今日は8割5分の力を出せれば絶対に予選会は突破できる。もし、ダメだった場合は練習メニューを組んだ私が悪いので、すべての責任を取る」

そう言って送り出した選手たちは、終始リラックスしてレースを進めた。

私が声をかけた15キロ地点では、笑顔で応える選手が大半だった。走った12名全員が、私の想定したタイムをクリア、もしくはそれに近いタイムでゴールして、周りも驚く総合3位（上位10名のタイムの合計で競う）で箱根駅伝初出場を決めた。

才能やセンスのある選手は、試合では自身のもっている力以上の走りをして、他を圧倒することがある。

私の身近なところでいえば、後輩の渡辺康幸君がそのタイプだった。もちろん練習でも強かったが、試合ではもっと強かった。

本番で弱かった私が、渡辺君に勝つには120パーセントの努力をするしかなかった。そして本番では85パーセントをさらに超えて、100パーセントに近い力を出さなければならなかった。

私は瀬古さんという指導者と、渡辺君というライバルに恵まれて、とても幸せな競技人生を送れたと今では思っている。

第9章

指導者への道

限られた時間で
どれだけ準備ができるか

第9章

指導者への道

シドニーオリンピックは南半球での開催ということもあって、例年より遅い9月15日から10月1日までの17日間で開催された。

南半球の春にあたる時期で涼しかった。私が出場する10000メートル予選2組は、現地時間9月22日の22時5分がスタート時間だった。

予選は2組あって、1組に出場した高岡寿成さんは、組5着で先に決勝進出を決めていた。予選2組のなかで、私の持ちタイムは17人中、下から2番目だった。

着順では組8着以内に入るか、1、2組で順位から漏れたなかでタイム順に4番目以内でゴールしなければ決勝には進めない（20名が決勝進出となる）。

ウォーミングアップを終えた私は、控え場所となるスタンド下の室内走路でスタートを待っていた。今回は代表コーチではなかった瀬古さんは、スタンドで私の両親と観戦していた。アップの前に携帯電話で少しだけ話をすると、こう言われた。

「しっかり練習をやってきたから自信をもて」

思えば1年前のこの時期は、ケガで走っていなかった。この場にいることは奇跡のように感じ、瀬古さんをはじめ多くの人への感謝の気持ちでいっぱいだった。

「1日24時間、365日、陸上のことを考えて生活しないとダメだ」

以前から瀬古さんにはこう言われていたが、この半年間は本当にそんな生活を送っていて、初めてその意味がわかったような気がした。少しの時間、目を閉じたあと、「今、自分にできるすべてを出して、悔いなく笑顔でゴールできるように走ろう」

そう心に誓って、レースウエアになると、明るく照らし出されたトラックのスタート地点に向かった。レースは、日本の実業団に所属していた、ブルンジのアロイス・ニジガマ選手が引っ張り、やや速いペースで進んだ。スローペースでラスト勝負になると分が悪いので、私にはラッキーだったが、それくらいのペースでは誰も離れない。

7000メートルを過ぎても集団にはまだ15人残っていたが、そこでペースが落ちて、縦長だった集団が団子状態になった。私は転倒に注意するために集団の外側の2コースを走っていた。

オリンピック直前に、ランニングフォームの改善のため、鳥取で初動負荷トレーニングを集中的に行った。その効果もあり、時計を見なくても体感でペースがわかるようになっていたので、集団のペースが落ちるとポジションを上げていき、できるだけ無駄な力を使わずにレースを進めることができていた。

ラスト2000メートルでモロッコの選手が一気にペースアップし、集団が2つに分かれた。体感的に1周62～63秒だったので、無理して追わずに第2集団に留まって様子を見ることにした。そのまま2周半が過ぎて、いよいよラスト1000メートル。先頭の4人はこの間の1000メートルを2分38秒に上げて、第2集団を引っ張る私とは30メートルほどの差に開いていた。

第2集団は私を含めて5人に絞られていて、このまま行けば、順位ではもちろん、タイムでも決勝に進めそうだ。かなり余裕があったので、ラスト600メートルで1回目のスパートをかけると、私の後ろにいた4人との差がスーッと開いて、前の4人とも少し差が詰まった。

ラスト1周で2回目のスパートをかけると、前との差がグッと縮まってラスト200メートルで追いついた。そこからケニアのポール・テルガト選手（アトランタオリンピック10000メートル銀メダル、このシドニーオリンピックでも銀メダルを獲得した）と、エチオピアの選手がペースアップしたのでまた少し離れたが、残りの2人は予選通過を確信してペースを上げなかった。

私も決勝に備えて3回目のスパートはかけなかったが、その2人を抜いて組3位でゴールした。できるだけ平均したペースで走れたことで、ゴール後もほとんど息が切れていなかった。録画しておいたビデオを見ると、ゴール後すぐに笑顔でインタビューを受けていた。

この感じなら、決勝では日本記録も出せる。そんな手応えすら感じていた。

しかし、3日後に行われた決勝は、スタート直後から想定していたよりも速いペースになった。高岡さんは積極的についていったが、私は自重して第2集団に留まった。このままハイペースで進めば、必ず落ちてくる選手がいると思ったからだ。3000メートルで先頭からはすでに8秒（約50メートル）遅れていた。

先頭集団は3000メートルまでは速かったが、そこからはペースが安定しなかった。6000メートル過ぎには1周73秒と、マラソンのようなペースになることもあって、縦長だった集団が大きな団子状になっていた。

私は、前半に第2集団を引っ張り、力を使ってしまっていた。後方にいたイギリスの選手が、私を抜いて前に上がっていったが、ついていく余力はなかった。その選手は、その後大きくペースダウンした先頭集団に追いつき、最後は8位でゴールした。

高岡さんは、後半のペースアップで先頭集団が2つに分かれると、後方の集団で粘り、ラストで抜け出して7位でゴールしていた。私も大きく崩れることはなかったが、前からこぼれてくる選手がいなかったため、前半から順位をほぼ上げることなく15位でゴールした。ゴール後はきつさよりも悔しさのほうが大きかった。

先頭集団についていけば、入賞争いに加われたかもしれないと感じたからだ。7位入賞を果たした高岡さんのタイムは、当時の日本歴代2位となる27分40秒44だった。予選の調子からいえば、私にも出せないタイムではなかった。

ただ、私自身は、ケガもあって、目標を予選突破に置いていた。一方、高岡さんはアトランタオリンピックで予選敗退したあと、このシドニーオリンピックでは決勝進出はもちろん、入賞という一段上の目標をもって取り組んでいた。

毎年、海外に渡ってグランプリ大会を転戦するなどレース経験を積むことで、こうした上げ下げの激しいレースへの準備もしていたようだ。

大会期間中は、選手村のツインルームで高岡さんと一緒だったが、高岡さんは練習時や起床時の心拍を計測してデータ化していた。

競技への取り組み姿勢も学ぶことばかりで、そういった人間性でも負けていると感じた。

自分の去り際を知る

「花田のピークは過ぎた。引退したらどうだ」

突然の引退勧告だった。シドニーオリンピック後もマラソンに再挑戦したが、結果は出なかった。私がサブテン切りで足踏みしている間に、世界記録は2時間5分台に突入。2001年のびわ湖毎日マラソンでは2時間11分45秒で7位に終わった私に瀬古さんはそう告げた。だが、それは決して後ろ向きな話ではなかった。

その頃、ちょうど早稲田も箱根駅伝で苦戦を強いられていた時期で、2001年の箱根駅伝ではシード権を落とし、瀬古さんの跡を継いで早稲田を指導していた遠藤さんも、下にコーチを必要としていた。引退してそのポストに入ったらどうかということだった。私は以前から、将来は大学教員になりたいという話を瀬古さんにしていたが、競走部OBで早稲田大学で教員をされている方の退官後に、教員として入るために大学院に通いながら選手指導にあたってはどうかという提案もされた。

魅力的な話だったが、自分ではまだやれる、3年後のアテネオリンピックを目指したいと思い、返事を保留した。そして、時間だけが過ぎた。

2002年9月に私は結婚式を挙げた。その翌日のことだった。

後輩の渡辺康幸君が引退を発表、早稲田のコーチに就任するという。彼もアキレス腱を痛めて長く走れない時期を過ごしていた。私が回答を保留し続けているうちに、瀬古さんと渡辺君との間で現役引退後は遠藤さんの下でコーチに就く話が進んでいたようだ。

選択肢の1つがなくなったことで、新婚旅行から帰ってきた私は、翌年2月の別府大分毎日マラソンに挑戦しようと練習を始めたが、その頃にはまた右アキレス腱が悪化していて、もう満足な練習はできない状況だった。そのたびに瀬古さんからは、「まだ名前があるうちに引退して、どこかで指導者になったほうがいい」と言われた。

私の競技者としてのピークは完全にすぎていた。それでもあきらめられなかったし、素直に受け入れることはできなかった。

2003年2月、練習量が足りない状況で別府大分毎日マラソンに出場した。20キロくらいまではなんとか先頭集団にいたが、練習不足で苦しくなった。一気にペースダウンすると、気持ちも切れてしまい、30キロあたりでは立ち止まって歩き始めた。注目選手として出場していたこともあり、その姿はテレビでも大きく映された。残りの10キロがこんなにも長く感じたのは初マラソン以来だった。

途中棄権も考えたが、瀬古さんの反対を押し切っての出場だったので、どんなに遅くてもゴールはしようと進み続けた。その後も立ち止まりそうになったが、なんとかゴールまでたどり着いた。自己記録更新どころか、2時間24分もかかってしまった。もう、この体ではマラソンは走れないと悟ったが、まだトラック種目ならオリンピックのチャンスはあると考えて練習を続けた。しかし、アキレス腱の痛みはひどくなる一方で、そのうち、腰にまで激痛が走るようになった。

瀬古さんからは、顔を合わすたびに、「もうやめたほうがいい」と言われたが、まだあきらめられなかった。なんとかごまかしながら練習を続けていたが、12月末、強めのスピード練習を行ったあとに部屋に戻ると、アキレス腱と腰の痛みで動けなくなった。さすがにこれではオリンピックは無理だと感じて、気持ちが切れてしまった。

翌朝、瀬古さんに時間をとってもらい、今季限りで引退したいと告げた。

「そうか、それはよかった。俺も花田の痛々しい姿を見ているのがほんとうにつらかったよ。引退を決めてくれて本当によかった」

そう言った瀬古さんの顔は、指導者というよりは父親のような優しい笑顔だった。

私も苦しかったが、瀬古さんも苦しかったのだと、そのときに初めて気づいた。

新旧かかわらず縁故を大切にする

第9章

指導者への道

引退を決意したものの、今後のことは何も決まっていなかった。

この頃、エスビーも選手の入れ替わりが進み、瀬古さんとのジェネレーションギャップを感じている者も多く、私にコーチとして残ってその間をとりもってほしいという後輩も多かった。

私自身も、散々、瀬古さんに文句を言って、喧嘩ばかりしていたくせに、引退が決まって瀬古さんの懐の深さを知ると、コーチとして瀬古さんを支えたいと考えることもあった。その話を瀬古さんにすると、

「申し訳ないが、それは難しい。お前はオリンピックにも出て実績があるから、指導者として雇ってくれるチームを探しなさい」

とあっさり言われてしまった。

チーム内には瀬古さんのほかにもスタッフがいて、早稲田でコーチをしている遠藤さんも渡辺君も、その頃は大学からたいした手当がなかったため、エスビーからの出向というかたちを取っていた。

会社としても、指導者ばかり何人も抱えるわけにはいかないという事情があったようだ。

「俺も探してみるけど、自分でも探してみなさい」

瀬古さんにそう言われて、自分でも競走部ＯＢや陸上関係者にあたってみたが、良い話がなかった。

女子チームのプレイングコーチをやらないかという話もあったが、足が痛くて引退するのに、痛い思いをして走るのはもうこりごりだった。

世間に向けて、私が引退を公表したのは２００４年１月の全国都道府県対抗男子駅伝競走大会のときだった。

全国紙の記者をしている競走部時代の先輩が、スポーツ欄で私の引退を記事にしてくれた。その記事が、私が指導者としての一歩を踏み出すきっかけになった。

当時、私は自分でホームページをつくって更新していた。都道府県駅伝から東京に戻ると、ホームページの問い合わせ先に１通のメールが届いていた。私の引退記事を読んだ大学生からだった。

〈こんにちは、はじめまして。群馬県の上武大学陸上競技部のマネージャーをしております、小野大介です。花田さんが現役引退をすることは本当残念に思います（中略）もう、指導をする先はお決まりですか？　ぜひ花田さんともお話をしたいのでメ

ールください〉

そのメールには、チームに長距離専門の指導者がおらず、長距離ブロック長や小野君が練習メニューを考えていることや、チームの現状、前年の箱根駅伝予選会は22位だったが、まったく満足していないといったことが書かれていた。

正直なところ、私は上武大学のことはよく知らなかった。

都道府県駅伝の前に、群馬出身の競走部OBの方に相談に行った際に、たまたま、「群馬に上武大学という私立がある」

という話を聞いていて、その名前だけは知っていた。

小野君はかなり緊張してメールを書いていたのかもしれない。たどたどしい文章だったが、一生懸命書いたのが伝わる内容だった。

〈正直、コーチになってほしいと言われるのはうれしいけれど、正式な大学からのオファーではないし、大学が本気で強化するんだったら、私ではなくても、もっと実績のある人を呼んでくれるかもしれない。まずは、大学にお願いしてみてはどうか〉

小野君には、そんな内容の返事を書いた。

彼の願いを叶えてあげることはできそうになかったが、

〈練習メニューについてアドバイスくらいはできるので、何かあれば遠慮なく聞いてください〉

とも記した。翌日、また小野君からメールがきて、返信のお礼とメニューづくりの力になってほしい旨などが書かれていた。

その後も小野君とはやりとりが続いた。

小野君から初めてメールがきて、10日ほど経った頃のことだ。

「ご相談」という題で、上武大学の理事長だった三俣喜久枝さんから、

〈どうか一度お会いさせていただいて、お話を聞いていただけないでしょうか〉

という内容のメールが届いた。

あとで知ったことだが、小野君が当時、事務局長だった植原寅之助さんに指導者を雇ってほしいと直訴に行ったらしい。

その際に、私の名前も候補に上げたようだった。私はメール内容を印刷して、瀬古さんに相談に行くと、

「会って話を聞いてみてもいいんじゃないか。俺も同席するから」

というので、その旨をメールに記載して返信した。

第9章

指導者への道

返信を送った3日後の2004年2月3日、渋谷区千駄ヶ谷のエスビー陸上部のクラブハウスで、上武大学の三保喜久枝理事長とお会いすることになった。

＊

クラブハウスに着いたとの連絡を受けて、迎えに出ると、黒のセンチュリーから着物を着た高齢の女性が下りるところだった。その方こそ、三保喜久枝理事長だった。クラブハウスの玄関には、「精進練磨」と筆で書かれた縦長の額縁が飾られていた。

「まぁー、織田先生だわ！」

その書を見るなり、三保理事長は、そうおっしゃった。

織田先生とは、1928年のアムステルダムオリンピックの三段跳で優勝し、日本初のオリンピック金メダリストとなった織田幹雄先生のことだ。

私や瀬古さんにとっては、早稲田大学競走部の大先輩に当たる方で、織田先生がご存命の頃、学生だった私もお会いしてお話ししたことがあった。その書は、織田先生が書かれたものだった。

「織田さんのことをご存じなんですか？」

瀬古さんは思わずそう聞き返していた。

聞くところによると、三保理事長は女学生だったときに、織田先生に走り方を習ったことがあるのだという。

その話を聞いて、一気に心の距離が縮まったようにも感じた。

さらには、アムステルダムオリンピックの女子800メートルで銀メダルを獲得し、日本女子初のオリンピックメダリストとして知られる人見絹枝さんからも、走高跳を習ったというではないか。

戦前の話ではあったが、日本陸上界の歴史上の人物と交流があったと聞いて、私も瀬古さんも感動するとともに、とても驚いた。

そして、上武大学はなんとかして箱根駅伝に出たい、そのために私を指導者として迎え入れたいといった内容を熱心に話された。

＊

上武大学側の話を聞いたあと、瀬古さんも私を指導者として送り出すうえでの条件などを話した。

30分ほど話したところで、三保理事長と関係者の方は帰られた。見送りをした私が部屋に戻ると、瀬古さんは少し興奮した調子で、こう話しかけてきた。

「あの理事長、すごいなあ！　織田先生と人見絹江さんと会ったことがあるんだぞ!!　花田、これは何か縁があるかもしれないな」

瀬古さんも私と同じように感じていた。

「選手たちにやる気があって、理事長もあんなに一生懸命お前に来てほしいと思っている。あとはお前がやる気になったら、三本の矢じゃないけど、箱根駅伝出場も不可能じゃないと俺は思うよ」

そう言うと、瀬古さんは席を立ってクラブハウスから出ていった。

「人との縁は大切にする」

私はそう思って人と接するようにしていた。時に苦言を呈されることもあったが、そのことで自分の欠点や過ちに気づき改善に努めた。そうして私は成長してきたのだ。引き受けるか否か、私は迷っていたが、瀬古さんの言葉を聞いて、内心では〝やってみたい〟という気持ちになっていた。

家に帰って、妻にもその話をしてみた。妻は群馬県高崎市の出身で、上武大学のことは知っていたようだ。

「あなたがやりたいのならやってみれば。私も実家に近くなるし」

周りの反対はあったが、誰よりもそばにいる妻の言葉で私の心は決まった。

翌日、三俣理事長からお礼の言葉とともに、ぜひ一度お越しいただきたいと書かれたメールが送られてきた。

妻の言葉もあって、かなり気持ちは傾いていたが、正式に引き受ける前に、一度は練習環境を見ておく必要があった。

数日後、私は上武大学を訪れて、再び三俣理事長とお会いした。

最初に学校法人本部がある高崎市の新町キャンパスを訪れた。

その後、野球場や練習グラウンドのある伊勢崎キャンパスに案内された。グラウンドに行くと、恰幅のよい男性が私を待っていて握手を求められた。

「陸上部監督の小川だ。よろしく。花田くん、一緒にやろう!」

少し痛いくらい力のこもった握手だった。

伊勢崎キャンパスに着いてから、物陰からチラチラこちらを見ている人影を感じていた。視線を送ると目が合って会釈された。直感的に小野君だと思った。

「君が小野君かい? 君のメールがきっかけで、とうとう見学にくることになったよ」

そう声をかけると、小野君はこちらに近づいてきた。

そのあと、小野君の案内で、長距離の選手たちが住んでいるアパートを見にいった。

周辺には一般の方が経営する学生寮がいくつかあったが、彼の住んでいるところは、持ち主である小澤さんご夫妻が、朝夕の食事をつくってくれて、食堂でみんなそろって食べているとのことだった。

その後、エスビーの後輩や知り合いなどに相談すると、私の将来を案じて、どちらかというと反対の意見のほうが多かった。

オリンピックに二度も出たのだから、そんな無名の大学に行かなくても、待っていればもっと良い話がくるというのが、その理由の大半を占めた。

しかし、そんな意見を聞くと、少し天邪鬼な私は、ますますその気になっていった。

それ以降も小野君とは頻繁にメールをやりとりしていて、私がアドバイスして行った練習結果の報告もきていた。

なによりそこには、私が来ることを待ち望んでいる学生がいた。

2月中旬、私は気持ちを固めて、このオファーを受けることに決めた。

そこから具体的な話がとんとんと進み、私は上武大学駅伝部の監督としてチームの指揮をとることになった。

こうして、私の指導者としての新たな陸上人生が幕を開けた。

2004年4月、陸上部から長距離部門が独立するかたちで上武大学に駅伝部が誕生した。私はその初代監督に任命され、同時にビジネス情報学部准教授として迎えられた。

2001年に現役を引退したエスビーの先輩の平塚さんは、城西大学駅伝部監督としてチームを率いていた。

その後、櫛部君もコーチに加わった城西大学は、駅伝部創部3年目に箱根駅伝本戦に出場を決めていた。それもあって、

「私も3年くらいで（箱根駅伝に）チームを導ければと思っています」

そう瀬古さんに目標を話すと、

「花田、それは口が裂けても言ってはダメだ」

と釘を刺された。

瀬古さんには、その後の私を待ち受ける苦労がお見通しだったのかもしれない。

「全国には、群馬を関東だと思っていない人もいるかもしれない。選手勧誘には苦労するだろう。箱根駅伝に出られるまで早くて5年、ひょっとしたら10年はかかるかも

しれない」

瀬古さんはそう考えていた。

「5年目」というのには理由があった。

私が選手勧誘を始めるのはこれからだ。その選手が入学してくるのは、早くても翌年となる。

4学年すべてが勧誘した選手でそろうのが5年目ということらしい。

「ちゃんと強化を考えて勧誘をやって、勧誘した選手が4学年そろって、お前がそのチームを1つにまとめることができたら、運が良ければ、箱根駅伝に5年で出られるかもしれない。でも、なかなかそんなにうまくはいかないと思うぞ」

楽観視している私に、瀬古さんは諭すように言った。

物事には優劣があることを理解し
強者とは違う動きをする

第9章

指導者への道

こうして私は、2004年4月から上武大学駅伝部監督として指導者の道を歩み出したわけだが、自分が思っていた以上に大変で、瀬古さんの予想どおり茨の道が待っていた。

勧誘の苦労話をあげれば、枚挙にいとまがない。

私は、今いる選手たちの指導の合間を縫って、全国各地にスカウトに出かけた。

持ちタイムの良い選手、試合で強かった選手に目星をつけて声をかけにいったが、誰が見ても、「良い選手・強い選手」と思うような選手は、当然、すでに多くの大学や実業団からも声がかかっていた。顧問の先生に、

「○○選手とお話をさせてもらっていいですか？」

と聞くと、

「9番目になるけど、それでもいいですか？」

と言われたこともあった。結局、1時間半待たされ、ようやく私が話せる順番がまわってきたが、お目当ての選手はすっかり疲れきっていた。

「上武大学の花田です。もし興味があったら連絡ください。また来るから」

と自己紹介してすぐに終わることにした。もちろん連絡がくるわけもなく、そんな

強い選手が何の実績もない大学に来てくれることはなかった。

試合後だとどうしても順番待ちの後ろのほうになってしまうので、アポイントメントを取って直接高校まで行き、選手と話をさせてもらうこともあった。

私が瀬古さんに言われたように、「私と一緒に世界を目指してやらないか」と熱心に選手を口説いていると、あとから顧問の先生に、

「まだチームができたばかりで、箱根駅伝にすら出ていないのに、ちょっとおこがましくないかい。選手がその気になったら困るからやめてくれ」

そう言われたこともあった。

それなら、まず顧問の先生に認めてもらおうと、試合会場で熱心に話して大学のパンフレットを渡した。

再びその先生に会いにいくと、不在だったが、渡したパンフレットは中身も開いていない状態で陣地の隅に投げ捨てられていたこともある。

ある程度予想はしていたものの、陸上界で無名の大学がこんなにも相手にされないものかと、厳しい現実を突きつけられた。

これが、指導者になって最初の悩みの種になった。父に相談すると、「そんなのは

当たり前だ」と言われてしまった。

箱根駅伝には当時、関東学連選抜チームを含めて20チームが出場していた。本大会に出場するボーダーラインにいる大学を含めると、箱根駅伝の強豪校や常連校といわれる大学は20校以上がひしめき合っていた。

有力選手がそういった大学を進路先に選ぶのは当然のことで、高校ランキング上位の選手から強豪校や常連校に振り分けていくと、あっという間に200人、300人と埋まってしまう。

箱根駅伝に出たことがない上武大学は、必然的にそれ以下の選手に声をかけなければならない。父が言うように、相手にされないのは当たり前だった。

「勝彦、物事には何でも優劣がある。強豪校と同じように勧誘したって、どこの大学もほしい選手が上武大学にきてくれるわけがない。強い選手、能力のある選手が来てくれないいんやったら、今は強くなくても、人一倍やる気がある選手とか、『花田勝彦の指導を受けたい』って言うてくれる選手を勧誘したらええんと違うかな」

父の言葉がヒントになり、私のなかで良いアイデアが浮かんだ。

さっそくパソコンで案内書を作成することにした。中身は、上武大学での合同練習会、「セレクション・タイムトライアル」の案内だった。

日本陸連公認ではないものの、上武大学にはオールウェザーのトラックがある。そこで3000メートルと1000メートルのタイムトライアルを実施するので、参加してほしい旨を告知した。

午前中はタイムトライアルと、私の実技指導による合同練習会、午後は私の講演会を予定していた。

タイムトライアルは、駅伝部入部のセレクションも兼ねていて、参加標準はとくに設けなかった。興味があれば、たとえ実力がなくても参加して、私の話を聞いてほしいと思っていたからだ。

いくつかの高校は、チームの練習を兼ねて、顧問が部員全員を連れて参加してくれた。駅伝部のホームページを自分でつくっていたので、そこにも案内を載せており、それを見て個人で参加してくれる選手もいた。

タイムトライアルでは、各組の目標タイムを設定して、上武大学の選手や私がペースメーカーを務めた。

そうしたこともあって、非公認ではあったが、自己ベストを更新した高校生も多く

いて、顧問の先生からも、

「ぜひ、来年もやってほしい」

と言ってもらえた。

毎年、好記録が出るので、非公認にしておくのはもったいないと感じて、伊勢崎市陸上競技協会に掛け合った。数年後からは、伊勢崎市営陸上競技場をお借りして、「トライアル・inいせさき」という名のナイター記録会を上武大学のセレクションと同時開催させてもらうことになった。

このナイター記録会には、のちに母校の早稲田や、東洋大学、城西大学にも声をかけて参加してもらうようになった。

その年の3000メートルの日本ランキングで上位に入るような記録も出るようになった。

＊

「勧誘」にいくのではなく、「募集」して来てもらうかたちにしたことで、思わぬ原石に出会うこともできた。

2010年の第86回箱根駅伝でアンカーを務め、上武大学史上初の区間賞に輝いた

福島弘将という選手がいる。彼は、

「上武大学でやりたい」

と言って、セレクションを経て入学した選手だった。

高校時代は5000メートルの自己記録が15分30秒くらいの選手だったが、父が言っていたような、「人一倍やる気がある選手」だった。

上武大学に入って努力を積み重ね、めきめきと力をつけ、箱根駅伝で区間賞を獲るまでに成長した。

卒業後も競技を続けた彼は、実業団でもエース区間を任されるような選手になった（2023年に現役を引退）。

＊

茨の道とはいえ、スカウト活動もあわせて行わなければならない。

各都道府県のトップの高校からはなかなか来てくれないので、2番手、3番手くらいの高校に出向くようにしていた。

もちろんその高校でいちばん強い選手が来てくれればいいのだが、2番手、3番手の選手でも、会って話してみて、「一緒にがんばれそうだな」と感じた選手や、「花田さんに教わりたい」と言ってくれる選手は、積極的に受け入れようと思った。

相変わらず苦戦は続いていたが、高校の先生が安心して私に選手を送り出してくれるように、先生との信頼関係を築くことも大事にしていた。

実際、私が口説いて勧誘したというよりも、熱心に私を応援してくれる先生がフォローしてくれて、入学が決まった選手もいた。

たとえば、東京学館新潟高校の陸上競技部の顧問をしていた若山哲夫先生は、早稲田のOBで、私が上武大学の監督に決まったときから応援してくれていた。

東京学館新潟高校からは、のちにチームのエースとなる長谷川裕介や佐藤舜といった選手を私に託してくれた。

彼らはほかの大学からも誘いがあったが、若山先生は、

「競技者として伸びたいのなら、花田のところがいい」

そう言って上武大学を熱心に勧めてくださっていた。勧誘で彼らの自宅まで挨拶に行った際にも、若山先生は同行してくれた。

まずは人間力を身につけて、
それにともなって技術を上げる

第9章

指導者への道

箱根駅伝に初出場したとき、本大会を走った10人のうち5人が熊本県出身の選手だった。これにも理由があった。

話は前後するが、上武大学の監督になったばかりの頃、勧誘のことで城西大学の監督だった平塚さんに相談をすると、

「宮崎県の延岡で九州の高校合宿があるから一緒に行こう」

そう誘ってくれた。その合宿には、熊本の高校が何校か参加していて、そのときにできた縁で何人かの選手が熊本から来てくれたのだ。

初出場したときにキャプテンを務めた大塚良軌は、そのときに熊本国府高校の印南真一先生から薦められた選手だった。

「ほかの大学や実業団からも声がかかっていて、まだそんなに強くないけど将来はおもしろいと思うよ」

そう紹介されたものの、その合宿中、大塚は走っていなかった。聞けば、駅伝の大会中に車に衝突されてケガをしたのだという。

私は言われるままに大塚と話をしたが、走りも見ていないので今一つ、熱心に口説かなかったように思う。あとで大塚本人から聞いた話だが、彼も本当は箱根駅伝に出

ている、平塚さんが指導する城西大学に行きたかったそうだ。

その合宿後も、印南先生とやりとりをして、大塚が練習を再開した頃に熊本に行き、練習を見たあとに話をさせてもらうことになった。

大塚はすっかりケガが癒えており、キャプテンとしてみんなに声をかけて練習を引っ張っていた。その姿が印象的で、

「この選手に来てほしい」

心からそう思った。

その時点では、まだ1人も上武大学に来る選手は決まっていなかった。

練習後に本人と話したあと、印南先生のセッティングでご両親ともお会いした。私はその場で正座をして両手をつき、お願いした。

「ぜひ、息子さんを上武大学に送ってください」

ご両親と印南先生は、すでに大塚を上武大学に入れようと考えていたようで快諾してくださった。

こうして、監督就任後ようやく上武大学に来てくれる1人目の選手が決まった。ただ、その後、2人目が決まるまでには1カ月以上かかった。

第9章

指導者への道

夏を過ぎて、秋が近づいてくる頃に、入れてほしいとか、入りたいといった連絡が多くくるようになった。

箱根駅伝に出ている希望の大学に断られた選手が大半だった。それでも、少しでも多くの選手に来てほしかったので、実際に本人と話すこともなく、顧問の先生の電話1本で受け入れを決めた選手もいた。

最終的には、31人もの選手が翌春に入学してきたが、1年もしないうちに10人くらいは駅伝部を去り、なかには大学をやめてしまう者もいた。

立ち上がったばかりのチームだし、まだまだ弱かったので、そんなチームの内情にがっかりしたり、やる気をなくしてしまったりしたのだろう。

せっかく来てくれたのに、やめてしまうのはお互いに不幸だ。

翌年からは、必ず一度は大学に来てもらうか、もしくは私が大会や高校に会いに行って、面談をして受け入れるかどうかを決めることにした。

もちろん、競技力の高い選手に来てほしかったが、4年間、続けてもらうことを考えると、私と合うかどうかのほうが重要だと考えていた。チームが徐々に強くなってきて、それなりに実績のある選手も紹介されるようになってきたが、会ってみると、なかには素行が悪そうな選手もいた。

チームの強化を考えると、来てほしかったが、競技は良くても生活面でチームをかき乱されては大変だ。

5年目で箱根駅伝出場を決めるためには、「チームの一体感が大事だ」という瀬古さんの言葉を思い出し、獲得をあきらめたこともあった。

*

創部1、2年目は、チームにまとまりがなく、結果もなかなかともなわなかったが、創部4年目で、大塚たちの学年が3年生になると、少しずつチームにも一体感が出てきた。

その年の箱根駅伝予選会は、前年と同じ総合13位で本戦出場権は得られなかったが、個人でチームトップだった福山真魚（当時2年生）が関東学連選抜チームに選ばれた。

福山は当初リザーブだったが、12月20日くらいに5区を予定していた選手が故障したため、急遽出番がまわってきた。そこからは、赤城や伊香保のアップダウンを走って5区の対策をし、本番に臨んだ。

上武大学史上初めての箱根駅伝走者となった福山は、区間3位と好走し、箱根山中で5人抜きの活躍を見せた。

関東学連選抜の過去最高順位となる総合4位にも大きく貢献した。

「みんな、なかなか箱根駅伝に出られなくて、すごくきつい思いをしているけれど、どれだけきつい思いをしても4年間打ち込むだけの価値がある舞台だった。来年はみんなで一緒に出たい」

箱根駅伝を走り終えてチームに戻ってきた福山は、みんなの前でこんな話をしてくれた。

福山の言葉でみんなの目の色が変わったのを感じた。彼らにとって箱根駅伝は未知のものだったが、その未知なるものにふれた福山が、自身の体験をうまく伝えてくれたことで、みんなもぐっと身近に感じたのではないだろうか。

そして、いよいよ4学年すべてが、私の勧誘した選手がそろう5年目を迎えた。

金のように最初から光輝く選手はいなかったが、磨けば鈍くでも光る〝いぶし銀〟のような選手が大勢いるチームに成長していた。

箱根駅伝予選会の壮行会では、私は部員全員に向かって、次のような話をした。

「私がこの上武大学の監督になったとき、ほとんどの人たちから、5年目で箱根駅伝出場は難しい、無理だと言われた。でも、われわれはこの日のために心を1つにしてがんばってきた。この予選会が、上武大学の新たな歴史の一歩となるよう、みんなでがんばろう！」

言葉のとおり、箱根駅伝予選会は走る選手はもちろん、サポートと応援にまわる部員もそれぞれ自分の役割をまっとうしようと必死だった。

今は、データ放送もあって、順位や通過ラップもオンタイムに近いかたちでわかるが、この頃は選手たちの目と手で測っていた。どの大学もそれぞれのチームのタイムを計算していたが、いちばん正確で速く集計していたのは上武大学だったと思う。

関東学連の発表をドキドキしながら待っていたが、実はゴールして間もなく、自分たちの集計で予選突破が確実であることはわかっていた。

選手の応援をしていた場所から歓喜の声が上がる陣地に戻ったときには、私の目には熱いものが込み上げてきていた。

最初に上武大学に来てくれることが決まった、主将の大塚も涙を浮かべていた。

私が上武大学に来るきっかけをつくるメールをくれた小野大介君も応援に来ていて、私の姿を見つけると、駆け寄ってきて、気がつくと私の胸で泣いていた。

第9章

指導者への道

上武大学が初めて箱根駅伝出場を決めたのは、2008年10月の箱根駅伝予選会で、小野君が大学を卒業して2年半が過ぎたときだった。

上武大学はその後も、私の指導の下で8年連続で出場し、私が去ったあとも3年続けて出場した。

しかし、それ以降は箱根路から遠ざかっている。自身の指導の原点でもある上武大学が、諏訪利成監督（アテネオリンピックマラソン6位入賞）、佐々木寛文コーチ（早稲田大学競走部OB）指導の下、近い将来に箱根駅伝に戻ってくることを、心から願っている。

第10章

持続可能な組織をつくる

マラソンは芸術だ

第10章

持続可能な組織をつくる

「マラソンは芸術だ」

この言葉は、瀬古さんは恩師・中村清先生から教わり、そして私は瀬古さんから教わった。

素晴らしい音楽や絵画が、人々に大きな感動を与えるのと同じように、素晴らしい走りは人の心を打つことがある。走ることは自分自身を表現することであり、競技者はアーティストのようなものだと、指導者となった私は選手たちに伝えている。

そういう意味では、走っているときだけでなく、普段の取り組みから表現力を磨くことはとても大切なことだと考えている。

表現する力を身につける取り組みとして、上武大学時代に始めたのが、合宿中の読書と3分間のスピーチだった。これは早稲田大学でも継続して行っている。

年々、本を読む人が減っていると聞くが、実際にあまり本を読んでこなかったという学生は多かった。

上武大学の最初の合宿では、選手たちに本を1冊持ってきてもらい、練習の合間に読書することを課した。

合宿中、食後にその本を紹介するスピーチをしてもらい、いちばん良かったスピーチには、監督賞として図書券を贈った。また、合宿最終日には感想文を書き、選手たちの成長や変化を私自身も感じ取るようにしていた。

競技力が上がってくると、スピーチまで上手になってくるから不思議だ。正選手として活躍できなくても、卒業するときに、「読書が好きになりました」と言ってくれる学生もいて、やっていて良かったとしみじみ思った。

ときにはフリーテーマで3分間スピーチもやるが、話す内容でその選手の人柄や考え方、そのときの心情を知ることもできて、彼らとのコミュニケーションの一助にもなっている。

自分の話したいことを簡潔にまとめて伝えることは、決められた距離のレースで自分の力を出しきることにも相通じるものがある。

たとえば、5000メートルで13分切りを目指すには、前半、中盤、後半、ラストスパートと、13分で力を出し切れるようにうまくレースを組み立てなければならない。

上手なスピーチもまたレースと同様で、限られた時間内で起承転結があるように、うまく構成しなければならない。

また、人前で話すことはとても緊張するが、レースでもプレッシャーのなかで自分の力を出しきることは大切だ。

読書とスピーチの上達から得られる効果は大きい。競技だけに限らず、人生に生かせることも多いので、ぜひ試してほしい。

もちろん人前で話すことが苦手な選手もいる。

上武大学が初出場したときとその翌年に、2年連続で花の2区を走った石田康雄という選手もまた、人前で話すことが苦手だった。

自分の考えを言葉にすることもあまり得意ではなかったため、石田とは彼が大学3年生の冬から交換日記を始めて、文章の添削をすることにした。

私の原体験として、小学生時代に毎日提出していた、〝心のノート〟があった。その経験で私は文章を書くことも、人前で話すことも好きになったし、上達したように思う。

石田も最初はなかなか筆が進まなかったが、続けているうちにどんどん文章も上達し、卒業する頃には感動的な文章を書くようになっていた。スピーチも同様で、4年時の合宿でのスピーチには感動させられた。

石田は、コツコツと続けることの大切さをみんなの前で話した。

彼もまた「上武大学で走りたい」と言って来てくれた選手だったが、2年生の夏まではなかなか結果が出ず、部をやめようと思ったこともあったという。だが、両親をはじめ周囲の人が応援してくれているのを感じて、思いとどまったそうだ。

あるとき、私は石田の走りを見て、左右のバランスが悪く、膝が内側に入る癖があったので、彼に片足スクワットを勧めたことがあった。

「僕は、その日から必ず練習後にはスクワットをやると決めて、今日まで2年半欠かさずやり続けてきました」

彼は私のアドバイスを実直に守り、片足スクワットを日課にしてきた。

そして、箱根駅伝でエース区間を走れるまでに力をつけた。そのスピーチで、見えないところでコツコツと重ねてきた石田の努力を知り、思わず涙が出そうになった。

今はパソコンやスマートフォンでも文章が書けるが、本の感想文は手書きで書いてもらっているし、合宿の報告書も手書きで書かせている。

アナログな発想かもしれないが、内容だけでなく手書きの文字からも、その選手の性格を垣間見ることができ、得られる情報は多い。

一概にはいえないものの、几帳面で丁寧な字を書く選手は、練習においても入念な準備をして臨んでいる者が多いように感じる。

一方で、文字が乱雑だったり、誤字があったり、適当に書いたりする選手は、応用力が求められる、変化に富んだ練習が苦手なように感じる。そして、不注意なケガも多い。

スピーチも、読書も、手書きの文字も、まったく競技には関係ないように見えて、良いほうに改善されると、不思議と競技面にも良い影響が出てくることがある。

だから、おもしろい。

一人一役で取り組めば個々は小さくても大きな塊となって戦える

上武大学駅伝部監督として迎えた5度目のお正月。私は初めて箱根・芦ノ湖に向かう運営管理車の中にいた。

大学4年時に選手として走って以来の2区は、当時よりもさらに沿道の人の数が増えて、大変なことになっていた。

その声援を背に、順位はかなり後方に位置していたが、プレミアムブラック&シルバーのユニフォームにタスキをかけて、懸命に前を追う石田(当時3年)の後ろ姿は、とてもたくましく見えた。

そんな石田もまた、和歌山県で私のことを応援してくださっていた先生が、「うちの(高校の)選手ではないけど、おもしろい選手がいる」と言って紹介してくれた選手だ。

7月のセレクション・タイムトライアルのあとだったが、8月の妙高高原合宿中に個別でセレクションを行った。同時期に和歌山県の高校選抜合宿が妙高で行われていて、石田もその合宿に参加していたからだ。

上りが得意だというので坂道ダッシュをやってもらったが、そんなに上りに適した走りだとは思えなかった。

だが、そのひたむきな姿と大柄な体格を見て、たしかにおもしろいかもしれないと思って合格にした。入学したあとに本人に聞くと、実は上りは苦手だったという。どうしても上武大学に入りたくて、全力で走ったということだった。

そんな叩き上げの選手が、初出場のエース区間の2区を走っていた。

権太坂やラスト3キロからのキツイ上り坂ではさすがに苦戦していたが、しっかりタスキを3区につないでくれた。

石田は翌年も2区を走って、卒業後には愛知製鋼で実業団選手として競技を続けた。

*

初出場の箱根駅伝は、終始20位前後（この年は第85回記念大会で関東学連選抜チームを入れると23チームが出場）で下位争いを強いられた。

しかし、予選会は総合3位、しかもチーム10番目の選手はどのチームよりも速くゴールするなど、周りも驚く快走で初出場を決めていた。

メールから始まったチームの生い立ちなどが、事前の特集番組で取り上げられたこともあって、運営管理車に乗った私への声援も、ひときわ多かったように思う。

選手への声かけが、運営管理車の中の私のおもな役割だったが、往路も復路も応援の声に手を振って応えていたので、沿道に応援にきていた妻からは、「選挙カーになっていた」と言われた。

個人としては、長谷川裕介（日本インカレ1500メートル優勝、4年時にはその年の10000メートル日本学生ランキング1位。卒業後はエスビー、DeNAなどで活躍）や、山岸宏貴（ロシアカザンユニバーシアード日本代表、ドーハ世界陸上マラソン日本代表）といった、卒業後も実業団のトップレベルで活躍する選手を何人か育てることができた。

しかし、チームとしては、全日本大学駅伝でシード権を一度獲得しただけで、9年間の箱根駅伝出場で、10位以内に入ってシード権を獲得することは一度もできなかった。

高校時代に実績のない選手たちでも、上武大学の4年間で着実に成長してくれた。選手たちには「基礎づくりに2年かかる」と言っていたが、本当にそのとおりに3年目でチームの主力選手になってくれる選手もいた。

だが、箱根駅伝予選会という集団で走るレースでは成果を上げられても、単独で走ることの多い箱根駅伝本戦ではなかなか結果を出せなかった。

上武大学が箱根駅伝予選会で強かったのには、実は理由がある。

高校時代に実績のある選手が少なかった上武大学では、予選会で大きくタイムを稼げる選手も少なかった。

そこで、予選会に向けては、出走する12名全員が大きく崩れることなく、できるだけ近い順位で20キロ（現在の予選会はハーフマラソンの距離だが、当時は20キロだった）を走りきれるような作戦を考えていた。

そのヒントは、当時、神奈川大学で監督をされていた大後栄治さんからもらった。

「花田君、予選会はね、もちろんエースの活躍も大事だけど、やっぱり8、9、10番目の選手よ。彼らがどれくらいの順位とタイムで帰ってくるかで決まるよ」

初出場を目指してチームづくりに苦戦している私に、大後さんはそんなアドバイスをしてくれた。

それから私は、選手の指導が終わると、パソコンに向かって予選会に向けた作戦づくりに励んだ。過去の大会結果をさかのぼり、予選会を通過したチームの結果を調べた。

また、箱根駅伝マニアの人たちが書いている各大学の戦力分析のページや、各チームの選手のベストタイムが詳細に掲載されている陸上雑誌の特集号を買って、ライバルと目されるチームの戦力分析を行った。

少ないときでも5、6チーム、多いときには10チーム以上も詳細に調べた。

そのうえで、ピンポイントの天気予報で、予想される気温、湿度、風の情報を加味して、当日のレースプランを立てていた。

上武大学の選手たちの実力はそれほど高くないレベルで拮抗していたが、そのなかでも確実に走れる、チーム内で3～5番目の実力の選手たちには、目安となるようなペースでレースを進めるように伝えた。どんなに調子が良くても最低10キロ、できれば15キロくらいまでは設定ペースを守るように指示していた。

上武大学は集団走をやっているとよくいわれていたが、厳密にいえば、それは違っていた。選手たちには、「目安となる選手が見える位置で走るように」と伝えていたが、予選会は大集団となることが多いので「無理をして固まって走る必要はない」とも話していた。

大きな集団の前のほうと後ろのほうにいても、普段の練習のように一緒に目標に向かって走っているのだと感じることが大切だった。仲間が集団から遅れずに走っているのだから自分だってやれるはずだ、そう思うことで苦しさにも打ち勝てると考えていた。

初出場を決めた予選会は、10番目の選手がどのチームよりも速かったと書いた。チームでもっとも速かったのが福島弘将の31位で、チーム10番目でゴールした後藤祐一の順位は79位だった。そのタイム差は38秒しかなかった。

2022年、早稲田の駅伝監督に就任したときも、箱根駅伝予選会からのスタートだったが、当時の上武大学での指導経験が役立った面はかなり大きい。

早稲田には高校時代に華々しい実績をもつ選手が各学年に2、3人はいて、5000メートルや10000メートルといったトラック種目では、インカレや日本選手権などの大きな大会で活躍している選手もいた。

そういった選手は、どちらかというと距離走など箱根駅伝につながる練習を苦手にしている者が多かった。

現役時代に私が取り組んでいた練習や、上武大学で選手たちに課していたロング系の練習を少しアレンジしてやらせてみると、最初のうちは数人しかまともにできず、危機感を感じた。当初は、

「上武大学の選手がやっていた練習なんて」
と甘く見ていた者も、やっていくうちにそれがいかに大変な練習なのかを体感し、しっかり準備をして真剣に取り組むようになっていった。

もともと能力の高い選手たちなので、そうした苦手な練習がそつなくできるようになってくると、一気に強くなった。

早稲田が走った予選会でも、上武大学のときのように細かい想定表をつくって、選手たちにも見せた。だが、あくまでそれは参考にすぎず、本番は自分の体調を考えてレースを進めてよいとアドバイスして送り出した。

大後さんが言っていた、「8、9、10番目」の選手は、私の想定をやや下回ったが、エースの井川龍人（現・旭化成）や佐藤航希（現・旭化成）、駅伝主将の鈴木創士（現・安川電機）ら主力選手が上位でゴールしてタイムを稼いでくれた。

私自身がこれまで指導者として学び、習得してきた指導法は、あくまで1つの方法論にすぎない。それぞれのチーム、細かくいうと、選手1人ひとりに合った指導があってよいのだと、今あらためて強く感じている。まさにそれは、瀬古さんが私に対して行った指導法に近いともいえそうだ。

時間は有限と考え、自己研鑽を積む

第10章
持続可能な組織をつくる

２０１６年の第92回箱根駅伝で指揮をとったあと、私は上武大学駅伝部の監督を退任した。

先ほども書いたとおり、個人では選手の育成がうまくいっても、スカウティングの厳しい上武大学では箱根駅伝本戦で上位争いに加わることができなかった。

個人で伸びている選手のなかには、卒業後も実業団チームに所属しながら、上武大学を拠点にし、引き続き私の指導を受け、世界を目指している者もいた。

大学を卒業した私を、瀬古さんがエスビーで指導して、オリンピック選手に育ててくれたように、私も彼らの夢を実現する役割を担ってみたいという気持ちが次第に強くなっていた。

そんなときに、青山学院大学の原晋監督から、

「花田君、今度新しく立ち上がる実業団チームがあるが、そこで監督をやってみないか」

というお話をもらった。後日、原さんにセッティングしてもらい、その会社の副社長にお会いすることになった。

副社長は私と同じ年で、しかも早稲田大学出身で意気投合した。

その後、社長でグループ代表の熊谷正寿さんの書籍や、特集記事が載っていたwebサイトを見て、心が動いた。そこには、

〈人間には健康寿命とは別に、精力的に仕事ができる盛年寿命というものがある〉

そう記されていて、さらに、

〈体力や気力の衰えは避けられず、精力的に打ち込めるのは40、50代頃までだ〉

と書かれていた。

ちょうどその頃、私は44歳で、チームの立ち上げから成長まで10年以上、上武大学で指導を続けてきて、少し体力や気力の衰えを感じていた。

あと何年、精力的に選手の指導にあたることができるのだろうか。そう考えていたところだったので、盛年寿命という言葉が心に響いた。

非常に多忙なところ、時間をとってもらって、熊谷代表ともお会いすることができた。私より8歳年上だが、むしろ私よりも若く感じるくらい、生き生きしていて笑顔が素敵な方だった。つねにポジティブな思考をされていて、どちらかというとネガティブな私も、熊谷代表といると自然と笑顔になった。

6年間、GMOインターネットグループ監督として指導にあたり、熊谷代表や会社

の期待に応える結果をなかなか残すことができず、今は申し訳ない気持ちでいっぱいだ。しかし、ただ実業団チームの監督というだけなく、企業に所属するパートナー（GMOインターネットグループでは社員ではなくパートナーと呼ぶ）としても、いろいろな活動に参加させてもらった。

これまで陸上という狭い世界でしか生きてこなかった私にとっては、学ぶことばかりで、それもまた現在、早稲田大学競走部駅伝監督として、選手たちに指導にあたるうえでおおいに生かされている。

＊

早稲田大学競走部に所属する選手たちは、もちろん競技者としての結果を求められているが、同時に早稲田の学生として学業に積極的に取り組み、卒業後は社会の発展に役立つ人材となれるように励むことも求められている。

その指標となるものが、早稲田アスリートプログラム（WAP）である。これは、〈学生アスリートの「人格陶冶《とうや》のための教育プログラム」と、各学期ごとに取得すべき基準単位を設定し、標準修業年限（4年間）で卒業できるようサポートする「修学支援」の2本柱から成り立っています〉

とされている。簡単にいえば、競技だけでなく、学業にもしっかり取り組む、文武両道が求められるということだ。

競走部合宿所から近い所沢キャンパスに通っている学生はまだ良いとして、高田馬場にある、いわゆる本部キャンパスに通っている学生は、1限がある日にはみんなの朝練習よりも早い時間から練習を行って、みんなが朝練習を終える頃には最寄りの狭山ヶ丘駅や小手指駅から西武線に乗って本部キャンパスへと出かけていく。

通学も大変なうえに、学部によっては勉強も大変だ。

長距離ブロックには、一般入試に合格して入部してくる学生も多く、部員の半数は本部キャンパスの学部で学んでいる。

そうした大変なスケジュールにもかかわらず、毎年の褒賞（体育会部活に所属する学業成績優秀者は表彰を受ける）には、競走部から多くの者が受賞し、チームとしても団体表彰を受けている。

教育学部で学ぶ石塚陽士（4年）という選手は、2年時の箱根駅伝でエース区間を走り、10000メートルでは私も学生時代に出せなかった27分台を出した。そのうえで学業成績優秀で褒賞まで受けているのだから、本当にすごい。

そういう環境が競走部にはあるので、高校時代はどちらかというと競技優先だった者も、入部して競走部で活動していくうちに、自然と学業に真摯に取り組んでいくようになる。

上武大学時代は、准教授で授業を受けもっていたこともあって、どちらかというと心配性な私は、競技だけでなく学業のことも普段から指摘することが多かった。

今は教員という立場ではないこともあるが、ほかの選手の手本となって、競技にも学業にも真面目に取り組んで結果を出している選手が多いため、そのあたりは学生主体にして、あまり言わないようにしている。もちろん、呼び出して叱咤激励することもたまにはあるが。

大学として、競走部としての取り組みが、自然と彼らを育てて社会へと送り出せているようにも感じる。

「競技力＝人間力」にもつながる伝統が、こうして今なお受け継がれて実践されている早稲田大学競走部の駅伝監督であるために、今後も私は学びを続けて、自己研鑽していくつもりである。

エピローグ

ひょっとしたら、世間から見れば、競技者としての私は「エリート」に映っていたかもしれない。

早稲田大学時代には、箱根駅伝で区間賞を獲って、チームは総合優勝を成し遂げ、社会人になってからは二度もオリンピックに出場したのだから、非常に順調な競技人生を送ったと思われるのも当然だ。

ただ、私自身はそうは思っていない。ケガも多く、波が大きい競技人生だった。成功よりも失敗した経験のほうが圧倒的に多かった。

なによりも、瀬古さんにはあれほど期待してもらったのに、その期待の7割、もしくは6割程度しか応えることができなかった。どちらかといえば、その期待をプレッシャーに感じてしまい、力に変えることができなかった。

とくにマラソンでオリンピックに行けなかったことは悔やまれる。瀬古さんに対して〝申し訳ない〟という思いは今もある。

瀬古さんとは何度も喧嘩したし、さんざん迷惑をかけた。

引退するときに、瀬古さんに、

「本当に感謝しています」

そう伝えると、すかさず、

「今頃か」

と言われたが、自分がいかにわがままな選手だったかは、現役をやめる頃にようやく気がついた。

また、私は選手としては、後輩の渡辺康幸君のようなスター性ももちあわせておらず、箱根駅伝でも「空前絶後の」といわれるような活躍を見せたわけではなかった。

それでも、大学3年生の箱根駅伝で活躍したときに、

「磨けば光る、いぶし銀の走りをする選手だ」

と言われたことは、自分にはとても合っているなと思っていた。決して強い選手とはいえなかったが、コツコツと積み重ねてきたものが花開くことになったのだから。

そんな選手だったからこそ、指導者になった今、自分の経験がとても生きているように思う。

＊

駅伝監督として母校・早稲田大学に帰ってきて、瀬古さんに言われたのは、箱根駅伝優勝に向けてチームを強くすることはもちろんだが、それ以上に、

「個人として世界で戦える選手の育成に力を入れてほしい」

ということだった。

「早稲田から世界へ」という高い視座は決しておろそかにしてはいけない。むしろ、そう言われたからこそ、駅伝監督を引き受けようと思った。私自身、オリンピアンを育てたいとあらためて思ったのだ。

就任1年目の箱根駅伝で無事にシード権を取り戻すことができ、そのあとに、「早稲田大学競走部駅伝強化プロジェクト」を始動させ、クラウドファウンディングを行った。掲げたのは、「突出した個の育成」だ。

私が大学4年目に飛躍したきっかけには、その夏の海外遠征があった。その私の体験からも、早い段階から海外のレースや生活を経験し、グローバルな感性を身につけることは、日本代表クラスの選手を育成するうえでとても大事なことだと考えていた。

しかし、それを実現するには、部の予算だけでは足りないため、クラウドファンデ

ィングで資金を募ることにしたのだ。

さまざまなメディアが取り上げてくれて、事前告知がうまくいったこともあり、スタート初日に第一目標にしていた500万円を突破した。

最終的には、ネクストゴールに掲げた2000万円をも超えるほどの多大なご支援をいただけることになった。この資金をもとに、就任2年目の9月には海外遠征が実現した。

そこで飛躍を遂げた選手の1人が、3年生の山口智規だ。練習を見ていても能力はかなり高いのだが、大きな試合ではなかなか結果を出せずにいた。

大学1、2年生の頃の自分にもどこか重なった。山口は、1年目は失敗もたくさんしたが、2年目以降は海外遠征などさまざまな経験を積みながら成功体験を重ねてきた。そして、ハーフマラソンの早稲田記録を更新し、箱根駅伝でも2区の早稲田記録を塗り替えた。

極めつきとして、クロスカントリー日本選手権で日本一に輝き、世界クロスカントリー選手権大会に日本代表として出場した。本当の意味で、早稲田のエースになりつつある1人だ。

数は少ないが、早稲田には高校時代に全国大会で優勝するような選手が入ってきてくれる。そういった選手を4年間かけて、その先で日本代表クラスの選手になれるように育成するのが、早稲田の駅伝監督としての責務でもある。

ずば抜けた才能をもつ選手がいる一方で、指定校推薦や一般入試で入り、文武両道を掲げる選手がいるのも早稲田の特徴だ。

今は、「一般組」「推薦組」という呼称は使わずに、「世界を目指す人」と「箱根駅伝を目指す人」とに分けているが、それぞれの個性を大事にしながら強化にあたるのが、早稲田らしさといえるのではないだろうか。

それで箱根駅伝で優勝できたら、最高にかっこいい。早稲田らしく勝ちたいと思う。

＊

さまざまな競技において、「カリスマ」と称えられる指導者がいるが、私はそういうカリスマ指導者にはなれないと思っている。

圧倒的なリーダーシップをもって、「この人についていけば強くなれる」と選手に思わせるのがカリスマ指導者だが、そんな能力は、残念ながら私にはない。

実業団監督時代、指導に悩んでいたときに、兄にビジネスコーチングを学ぶことを勧められた。そこで学んだのは、先生と生徒のような上下関係ではなく、対等に近い関係を築いて、選手の考えをしっかり聞き、認めてあげることの大切さだった。

指導者としての私が目指すのは、「強くなっていく選手をサポートしていく立場」であることだ。選手の声に耳を傾け、選手に寄り添って指導にあたりたいと思う。

おそらく私の代わりとなる指導者はいくらでもいただろう。ただ、いつか早稲田を去ることになったときに、

「あのとき、花田がいてくれて良かった」

そう言ってもらえるような、意義のある仕事をしたいと思っている。

最後に、本書を出版するにあたり、私をサポートしてくださったスポーツライターの和田悟志さん、そして、編集してくださった徳間書店の苅部達矢さんに心から感謝申し上げます。

そして、私のいちばんの理解者である両親と、いつも支えてくれている妻にも、心からの「ありがとう」の言葉を送りたい。

２０２４年11月

花田勝彦

花田勝彦（はなだ・かつひこ）

1971年6月12日、京都市生まれ。滋賀県立彦根東高校時代、高知インターハイ1500メートル5位、ジュニア選抜陸上1500メートル優勝などで注目を集め、瀬古利彦氏の勧誘を受けて1990年に早稲田大学人間科学部スポーツ科学科に進学。競走部では同期の櫛部静二（現・城西大学駅伝部監督）、武井隆次とともに“早大三羽烏”と呼ばれ、2学年下の渡辺康幸（現・住友電工陸上競技部監督）も含めて人気を集めた。1993年、大学3年時の第69回箱根駅伝では4区区間新記録の走りで早稲田大学の総合優勝に貢献。卒業後は瀬古氏が監督を務めるエスビー食品に入社する。1994年日本選手権では5000メートルで優勝し、同年広島アジア大会で初の日本代表になる。その後、1996年のアトランタオリンピックでは10000メートルで、2000年のシドニー五輪では5000メートル、10000メートルで日本代表に選ばれ、10000メートルでは決勝に進出し15位になった。マラソンでは1997年のアテネ世界陸上の日本代表に選ばれた。2004年に現役引退すると、同年4月に創部された上武大学駅伝部監督（同大准教授）に就任。創部5年目に第85回箱根駅伝に上武大を初出場に導くと、その後は8年連続で本戦出場を果たす。2016年に上武大学を退職し、同年4月にGMOインターネットグループ陸上部監督に就任。マラソン日本代表選手を育成し、ニューイヤー駅伝には、2020年に初出場し5位入賞した。そして、2022年3月にGMOを退社し、同年6月に早稲田大学競走部駅伝監督に就任。箱根駅伝でシード権を失っていたチームを立て直し、2023年の第99回箱根駅伝では総合6位、2024年の100回大会では総合7位と2年連続でシード権を獲得し、名門復活をかけて指揮をとっている。

構成　和田悟志

装丁　坂井栄一（坂井図案室）

写真　和田悟志［撮り下ろし］
著者提供［口絵=1枚目、2章〜9章］

校正　月岡廣吉郎　安部千鶴子（美笑企画）

編集　苅部達矢

学んで伝える

ランナーとして指導者として
僕が大切にしてきたメソッド

第1刷　2024年11月30日

著　者　花田勝彦
発行者　小宮英行
発行所　株式会社 徳間書店
〒141-8202 東京都品川区上大崎3-1-1　目黒セントラルスクエア
電話　編集（03）5403-4344／販売（049）293-5521
振替　00140-0-44392

印刷・製本　中央精版印刷株式会社

ISBN978-4-19-865922-6